总主编 林家阳

U0966042

广告策划与创意

李志红 蒋宏伟 编著

中国轻工业出版社

图书在版编目（CIP）数据

广告策划与创意 / 李志红，蒋宏伟编著. —北京：中国轻工业出版社，2022.6

ISBN 978-7-5019-9340-6

Ⅰ. ①广… Ⅱ. ①李…②蒋… Ⅲ. ①广告学 Ⅳ.①F713.81

中国版本图书馆CIP数据核字（2013）第246729号

责任编辑：毛旭林

策划编辑：李　颖　毛旭林　　责任终审：劳国强　　版式设计：上海市原创设计大师工作室

封面设计：刘　斌　　责任校对：吴大朋　　责任监印：张京华

出版发行：中国轻工业出版社（北京东长安街6号，邮编：100740）

印　　刷：艺堂印刷（天津）有限公司

经　　销：各地新华书店

版　　次：2022年6月第1版第7次印刷

开　　本：870×1140　1/16　印张：9

字　　数：260千字

书　　号：ISBN 978-7-5019-9340-6　定价：48.00元

邮购电话：010-65241695

发行电话：010-85119835　传真：85113293

网　　址：http：//www.chlip.com.cn

Email：club@chlip.com.cn

如发现图书残缺请与我社邮购联系调换

220635J1C107ZBW

序一

PROLOG1

中国的艺术设计教育起步于20世纪50年代，改革开放以后，特别是90年代进入一个高速发展的阶段。由于学科历史短，基础弱，艺术设计的教学方法与课程体系受苏联美术教育模式与欧美国家20世纪初形成的课程模式影响，导致了专业划分过细，过于偏重技术性训练，在培养学生的综合能力、创新能力等方面表现出突出的问题。

随着经济和文化的大发展，社会对于艺术设计专业人才的需求量越来越大，市场对艺术设计人才教育质量的要求也越来越高。为了应对这种变化，教育部将“艺术设计”由原来的二级学科调整为“设计学”一级学科，既体现了对设计教育的重视，也体现了把设计教育和国家经济的发展密切联系在一起。因此教育部高等学校设计学类专业教学指导委员会也在这方面做了很多工作，其中重要的一项就是支持教材建设工作。此次由设计学类专业教指委副主任林家阳教授担纲的这套教材，在整合教学资源、结合人才培养方案，强调应用型教育教学模式、开展实践和创新教学，结合市场需求、创新人才培养模式等方面做了大量的研究和探索；从专业方向的全面性和重点性、课程对应的精准度和宽泛性、作者选择的代表性和引领性、体例构建的合理性和创新性、图文比例的统一性和多样性等各个层面都做了科学适度、详细周全的布置，可以说是近年来高等院校艺术设计专业教材建设的力作。

设计是一门实用艺术，检验设计教育的标准是培养出来的艺术设计专业人才是否既具备深厚的艺术造诣，实践能力，同时又有优秀的艺术创造力和想象力，这也正是本套教材出版的目的。我相信本套教材能对学生们奠定学科基础知识、确立专业发展方向、树立专业价值观念产生最深远的影响，帮助他们在以后的专业道路上走得更长远，为中国未来的设计教育和设计专业的发展注入正能量。

教育部高等学校设计学类专业教学指导委员会主任
中央美术学院　教授/博导　谭平
2017年8月

序二

PROLOG2

建设“美丽中国”、“美丽乡村”的内涵不仅仅是美丽的房子、美丽的道路、美丽的桥梁、美丽的花园，更为重要的内涵应该是贴近我们衣食住行的方方面面。好比看博物馆绝不只是看博物馆的房子和景观，而最为重要的应该是其展示的内容让人受益，因此“美丽中国”的重要内涵正是我们设计学领域所涉及的重要内容。

办好一所学校，培养有用的设计人才，造就出政府和人民满意的设计师取决于三方面的因素，其一是我们要有好的老师，有丰富经历的、有阅历的、理论和实践并举的、有责任心的老师。只有老师有用，才能培养有用的学生；其二是有一批好的学生，有崇高志向和远大理想，具有知识基础，更需要毅力和决心的学子；其三是连接两者纽带的，具有知识性和实践性的课程和教材。课程是学生获取知识能力的宝库，而教材既是课程教学的“魔杖”，也是理论和实践教学的“词典”。“魔杖”即通过得当的方法传授知识，让获得知识的学生产生无穷的智慧，使学生成为文化创意产业的使者。这就要求教材本身具有创新意识。本套教材包括设计理论、设计基础、视觉设计、产品设计、环境艺术、工艺美术、数字媒体和动画设计八个方面的 50 本系列教材，在坚持各自专业的基础上做了不同程度的探索和创新。我们也希望在有限的纸质媒体基础上做好知识的扩充和延伸，通过教材案例、欣赏、参考书目和网站资料等起到一部专业设计“词典”的作用。

为了打造本套教材一流的品质，我们还约请了国内外大师级的学者顾问团队、国内具有影响力的学术专家团队和国内具有代表性的各类院校领导和骨干教师组成的编委团队。他们中有很多人已经为本系列教材的诞生提出了很多具有建设性的意见，并给予了很多方面的指导。我相信以他们所具有的国际化教育视野以及他们对中国设计教育的责任感，这套教材将为培养中国未来的设计师，并为打造“美丽中国”奠定一个良好的基础。

教育部职业院校艺术设计类专业教学指导委员会主任

同济大学　教授 / 博导　林家阳

2017 年 6 月

前言
FOREWORD

广告大师大卫·奥格威指出:“要吸引消费者的注意力,同时让他们来买你的产品,非要有很好的点子不可,除非你的广告有很好的点子,不然它就像很快被黑夜吞噬的船只。”奥格威所说的“点子”,就是创意的意思。这也标志着“大创意”(the big creativeidea)时代的到来。我们有幸成长、生活于这样一个大好的创意时代。

从事广告教学和创作十几年来,一直在为“创意”而奋斗,日复一日地为各类品牌进行创造性思维和创作活动,我深知,“创意”已经成了自己毕生的事业。

受林家阳老师和中国轻工业出版社的邀请,我联合广告行业的上市企业广东省广告股份有限公司的一部分精英创作人员,为中国的广告策划教学编写一本集教、学、做为一体的工学结合教材,这既是我们团队过去十几年工作认识和经验的总结,也是献给初入广告行业的广大学子和广告爱好者的一个简洁的启蒙读物。

本书通过大量精美的图片、简练的行文、时尚的版式、贴近市场的真实案例向读者讲授了如何欣赏广告,如何策划和创意广告等系列问题。全书分为广告策划与创意理论、策划与创意实训、全球广告作品欣赏三个篇章。基本理论的篇章将知识点进行提炼教学,便于消化;策划与创意实训篇章以实际的广告作业流程为模块,将教学案例、知识点、作业程序贯穿其中,让读者能清晰地掌握广告专业的知识和方法;广告作品欣赏篇章介绍了当代知名品牌的作品和最具影响力的广告人和广告公司。

我和蒋宏伟20世纪末同时就读于无锡轻工大学设计学院(现江南大学设计学院),在广州工作的十几年中,亦是经常交流和合作,在教学和广告设计领域积累了大量案例。本书为我们近年的最新成果,我们相信是高等院校学生全面了解和学习广告策划与创意的理想教材,是一本真正工学结合、一体化的教材。

2013年5月　于广州

学时安排

建议学时72

章节	课程内容	学时	
第一章 必须要懂： 广告策划与创意的 概念与原则 （8学时）	第一节　关于广告	2	8
	第二节　广告策划的基本理论	2	
	第三节　广告创意的基本理论	2	
	第四节　广告策划书范本	2	
第二章 边学边做： 广告策划与创意实训 （60学时）	第一节　市场调研与分析		12
	一、课程要求	2	
	二、业界案例	2	
	三、知识点	8	
	四、作业实践		
	第二节　广告战略与策略		24
	一、课程要求	2	
	二、业界案例	2	
	三、教学案例	8	
	四、知识点	8	
	五、作业实践	4	
	第三节　广告创意		24
	一、课程要求	2	
	二、业界案例	2	
	三、教学案例	8	
	四、知识点	8	
	五、作业实践	4	
第三章 品味经典： 广告策划与创意 作品欣赏 （4学时）	第一节　20世纪有影响的广告大师和公司	1	4
	第二节　历史上有影响的欧美广告案例	1	
	第三节　广告设计大赛简介	1	
	第四节　中国广告发展史资料	1	

目录
contents

第一章

必须要懂：
广告策划与创意的概念与原则

2013年戛纳广告节如期而至，共吸引了来自92个国家的作品参赛，来到现场的人数也一如既往地突破了一万人。与此同时，随着中国广告在世界上的影响力的逐渐加大，本届戛纳广告节设立了全新的“中国日（CHINA DAY）”环节。这说明什么？中国的广告发展迅速，正影响着全世界。

值得一提的是，随着戛纳广告节的正式开幕，已经有三个类别奖项的入围名单公布，包括了直效（Direct）、促销（Promo & Activation）以及本届戛纳创意节新增设的创新类别（Innovation）。其中，直效类中国队共入围10支作品，和去年的2支作品相比有了明显进步；促销类则只有1支中国作品入围，相比去年的4支作品略有下降；而作为新增设的类别，创新类则没有中国作品入围，特别是中国本土广告公司，在历届戛纳广告节难有收获，这又说明什么？中国是“广告大国”，但还不是“广告强国”，我国广告市场在“量”上已跃居世界第二位，但在“质”上与发达国家相比，仍处在较低发展水平。这需要广告从业人员和企业的共同努力，也更需要未来的广告从业者在广告策划与创意这门“大学问”上好好下功夫。

课程要求

学习要点：
1. 广告策划的概念
2. 广告策划的地位及意义
3. 广告策划的内容与步骤
4. 广告策划的特性与原则
5. 广告策划书范本
6. 广告创意的概念
7. 广告创意的特征
8. 广告创意的思维
9. 广告创意的基本原则

学习要求：
1. 了解广告策划的概念，理解广告策划的内容、性质和特征；
2. 掌握广告策划与其他学科的关系；
3. 了解广告创意的概念，理解其在广告活动中的地位和作用；
4. 掌握广告创意的思维方式和创意的基本原则。

课　　时：8学时

第一节 关于广告

当前广告在如火如荼的商战中，越来越显示出它的分量，谁的广告做得好，谁就能引起消费者的注意，进而实现消费行为，就能在市场竞争中占有一席之地，越来越多的商家意识到“酒香也怕巷子深”。现代社会的全部经济活动和社会活动都离不开广告，广告已成为经济发展的加速器。了解广告的发展过程对于学习广告是十分重要的。

做广告就像打仗，
只是没有你死我活；
如果你愿意，
你也可以说像是在下棋；
我们必须具备技巧和知识，
我们必须训练有素、经验丰富，
我们必须要有合适的武器弹药，而且要量足；
我们从不敢低估对手，
我们还需要最有效的策略，
使我们的力量成倍地增长。
——克劳德·霍普金斯（美国广告史上著名的广告人）

所谓广告，从汉语的字面意义理解，就是“广而告之”，即向公众通知某一件事，或劝告大众遵守某一规定。但这并不是广告的定义，而是对广告的一种广义的解释，说明广告是向大众传播信息的一种手段。从狭义解释，广告则是一种付费宣传，广告是为了某种特定的需要，通过一定形式的媒体，公开而广泛地向公众传递信息的宣传手段。

广告的本质是传播，广告的灵魂是创意。

图1-1　北宋济南刘家功夫针铺的雕刻铜版，是世界上迄今发现的最早的印刷广告物

广告有广义和狭义之分，广义广告包括非经济广告和经济广告。非经济广告指不以盈利为目的的广告，又称效应广告，如政府行政部门、社会事业单位乃至个人的各种公告、启事、声明等，主要目的是推广；狭义广告仅指经济广告，又称商业广告，是指以盈利为目的的广告，通常是商品生产者、经营者和消费者之间沟通信息的重要手段，或企业占领市场、推销产品、提供劳务的重要形式，主要目的是扩大经济效益。

图1-2　福特汽车广告 / 奥美广告 / 美国 / 2007

“广告”一词，据考证是外来语。它首先源于拉丁文Advertere，其意为注意，诱导，传播。中古英语时代（约1300—1475年），演变为Advertise，其含义衍化为“使某人注意到某件事”，或“通知别人某件事，以引起他人的注意”。直到17世纪末，英国开始进行大规模的商业活动。这时，广告一词便广泛地流行并被使用。此时的“广告”，已不单指一则广告，而指一系列的广告活动。静止的物的概念的名词Advertise，被赋予现代意义，转化成为“Advertising”。汉字的广告一词源于日本。

美国广告协会对广告的定义是：广告是付费的大众传播，其最终目的为传递情报，改变人们对广告商品的态度，诱发其行动而使广告主得到利益。

《韦伯斯特词典》（1977年版）对广告的定义是：广告是指在通过直接或间接的方式强化销售商品、传播某种主义或信息、召集参加各种聚会和集会等意图下开展的所有告之性活动的形式。

我国1980年出版的《辞海》给广告下的定义是：“向公众介绍商品，报道服务内容和文艺节目等的一种宣传方式，一般通过报刊、电台、电视台、招贴、电影、幻灯、橱窗布置、商品陈列的形式来进行。”

在现代，广告被认为是运用媒体传递的具有目的性信息的一种形式，它旨在唤起人们对商品的需求并对生产或销售这些商品的企业产生了解和好感，告之提供某种非营利目的的服务以及阐述某种意义和见解等（《韦伯斯特辞典》1988版）。

在美国，沃尔尼·B. 帕默（Volney B Pdmer）最早是为各家报纸招揽广告，并于1841年在费城开办了一家广告公司。其代理报纸广告的公司是世界上第一家广告公司。近似现代意义的广告代理公司，应该首推1869年在美国费城出现的艾耶父子广告（N. W. Ayer&Son）。当时年仅20岁的青年人F. 魏兰德·艾耶（F. Wayland Ayer）向他父亲借了250美元，开办艾耶父子广告公司。1890年左右，他设计了一份公开的广告费率，告诉客户自己购买版面的底线和包括自己佣金在内的转变价。他为客户提供设计、撰写文案、建议和安排适当媒介等多种服务。因此，艾耶广告公司被广告历史学家称为“现代广告公司的先驱”。

图1-3 公益广告 / 苏少明
指导：李志红 / 2010

在现代广告史上，我国广告事业经历了一个曲折的发展过程，从新中国成立到1978年以前，由我国的政治、经济体制决定，农副产品和大部分工业原料供应及产品销售，都采取计划供应和统购包销的政策。这种以计划手段配置资源的经济体制持续了30年，商品经济萎缩，市场的作用被忽视，广告失去了成长的土壤，我国广告业与世界广告业的差距越拉越大。

1978年12月，中国共产党第十一届三中全会召开，确定了以经济建设为中心，对外开放、对内搞活的重大方针。大力发展社会主义商品经济，为我国广告业的大发展奠定了坚实的基础。从1979年起，我国广告业从经济比较发达的上海、北京、天津、广州、深圳等中心城市开始，很快在全国范围内蓬勃发展起来。随着改革开放的深入，广告业得到突飞猛进的发展，其历年增长率均高于经济增长率。

1988年，中国广告公司近700家，主要业务是代理广告，为客户设计、制作路牌、灯箱、霓虹灯、电子翻转牌等户外广告。其中实力较强的广告公司，可以从事市场调查、广告策划、设计制作、信息回馈，为客户提供较全面的服务。

随着网络的发展，传统的广告业正受到强力的挑战。目前，在电视、平面媒介和网络媒介中，电视广告仍然以其强大的传播功能占据首要地位，广告商将无数的金钱砸在了电视广告上，但是由于新技术层出不穷，完全依赖电视制造广告繁荣已受到人们的质疑，而网络广告越来越受到人们的关注。新技术在广告领域的不断渗入，对于广告商和他们的目标受众而言，都会出现更新换代的局面。虽然中国广告事业具有一定的规模和水准，但仍有部分广告公司还不能全面承担为客户进行市场调查、广告策划、广告效果的调查任务。这说明中国广告业专业程度还不够，尚不能适应国际客户的要求和商品经济发展的需要。但令人高兴的是，各大广告公司正朝着这个方向努力，致力于加强自身建设，发展横向联合。相信中国广告事业经营体制必将逐步趋于合理，达到专业化协力合作的境界。

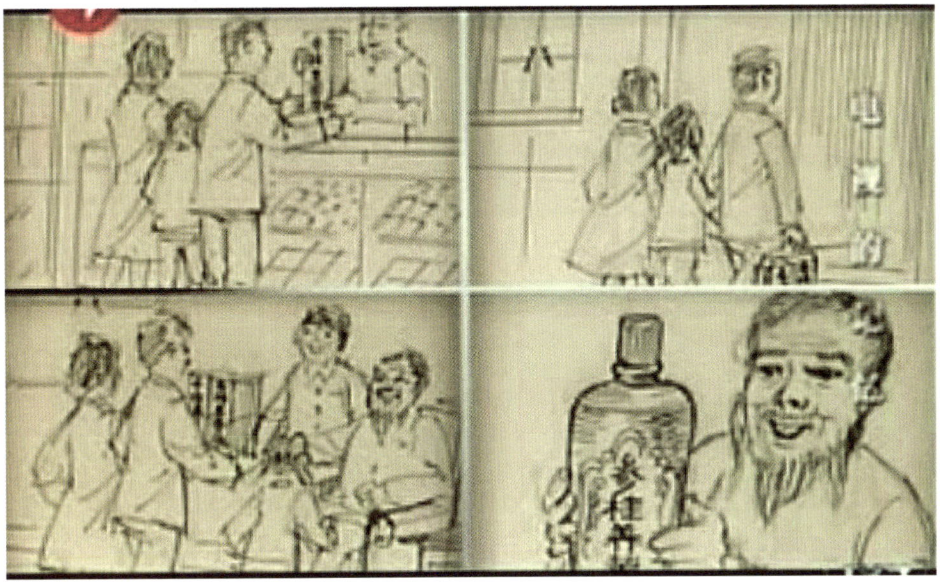

图1-4　1979年1月28日，上海电视台播出中国电视广告史上的首条商业广告：参桂养容酒

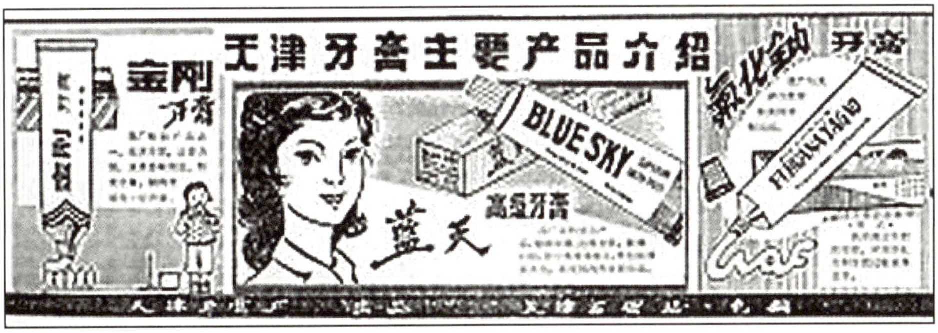

图1-5　1979年1月4日，《天津日报》刊登的蓝天牙膏广告，是改革开放后的第一则报纸广告

图1–6、图1–7　垃圾分类公益广告 / 苏少明 / 指导：李志红 / 2010
点评：广告的灵魂是创意，该作品利用名人的熟悉面孔特征，结合垃圾分类图标进行创意有机嫁接，表现幽默，文案大气；插画表现简洁，色彩明快，视觉感染力强。

第二节　广告策划的基本理论

在这一节里，主要学习广告策划的基本理论知识点，通过对这些知识点的学习，要认识到一个广告活动是否成功在很大程度上取决于广告展开前的策划工作是否周密准确，广告要确保理想的传播效果，就必须要首先做好广告策划。

一、广告策划的概念

1．广告策划的概念

广告策划就是通过细致周密的市场调查与系统分析，充分利用已经掌握的知识（信息、情报与资料等）和先进的手段，科学、合理、有效地部署广告活动的进程。简言之，广告策划就是对广告运作的全过程作预先的考虑与设想，是对企业广告的整体战略与策略的运筹与规划。

正确理解广告策划的概念，有以下几个关键点：

（1）广告策划的目的是追求广告进程的合理化与广告效果的最大化。

（2）企业的营销策略是广告策划的根本依据，广告策划不能脱离企业营销策略的指导。

（3）广告策划有其特定的程序，这种程序应该是科学、规范的，而不是盲目地凭空设想与随心所欲。

（4）广告策划应该是广告运动的整体策划，停留在具体操作层面的"广告计划"并不是广告策划。

（5）广告策划必须以市场调查为依据，良好的市场调查为广告策划提供了市场环境、消费心理、

图1-8、图1-9 钟彩仪、罗丽婵、林佩华 / 指导：吴颖露 / 2011
第四届全国大学生广告节广东赛区二等奖、全国三等奖
点评：传统文化，独特创意。"枣"通"早"，作品把文化、成语、视觉创意做到有机结合，表现幽默，不失传统。

竞争对手等方面的重要信息。

（6）广告的心理策略、定位策略、规划策略、创意策略、文案写作、媒介策略及效果评估是广告策划的核心内容。

（7）广告策划书（文本）是广告策划结果的一种可见的形式，它为广告运动提供了运行的蓝图与规范。

（8）广告效果的测定方法与标准应该在广告策划中预先设定。

2. 广告策划的基本要素

一项完整的广告策划活动由广告策划的主体、广告策划的对象、广告策划的依据、广告策划的方法和广告策划的结果等基本要素构成，缺少任何一个要素广告策划都不能成立。

（1）广告策划的主体

广告策划的主体——广告策划者包括广告公司和广告主。一方面，广告策划是由广告公司代理广告主来进行的，因此，广告策划者是广告公司。但对于广告公司的一项具体的广告策划项目来说，该广告策划是由广告公司内部组建的某个广告策划小组来执行的。因此，这时的广告策划者是这个广告策划小组。另一方面，广告主在广告策划过程中与广告公司密切配合，提供信息，参与意见，提出建议，最终审批。因此，广告主也是广告策划的主体。

（2）广告策划的对象

广告策划的对象是所要规划的广告活动。广告策划要为所要进行的广告活动制定广告目标、确定广告战略和策略、确定广告创意、拟定广告预算、测定广告效果等。

（3）广告策划的依据

广告策划的依据来自于广告主的营销战略和策略以及市场事实与信息。广告策划所需要的事实与信息包括市场、产品、消费者、竞争者的状况和

图1-10 设计：梁明月 / 指导：吴颖露 / 2011
第十九届时报金犊奖——最佳新人奖
点评：活页夹把笔记本夹页有机组合成一体，这一形象是“JUST US”的品牌理念最好传播。

广告环境的情况。

（4）广告策划的方法

广告策划有很多方法，诸如市场调查的方法、市场细分的方法、广告创意的方法、思维的方法、定位的方法、媒体排期的方法、广告预算的方法、广告策划书写作的方法等。进行广告策划，需要采取科学、合理、适当的方法。

（5）广告策划的结果

广告策划要有明确的结果。这个结果就是广告效果和广告效益。如果经过广告策划，对实现企业目标和企业的营销目标毫无效果，广告策划就失去了其本来的意义。

二、广告策划的地位及意义

广告策划的地位体现在营销策划和广告运作中。广告是市场营销组合的重要组成部分。市场营销组合是指企业针对所选定的目标市场，综合运用各种可能的市场营销策略和手段，组合成一个系统化的整体策略，以达到企业的经营目标，并取得最佳的经济效益。市场营销组合中影响最大和最为通行的是麦卡锡的“4P”理论，即产品（Product）、价格（Price）、分销地点（Place）和促销（Promotion）。而促销的基本方式有人员推销、广告、营业推广和公共关系。广告是市场营销组合四个变量中促销的一种基本方法。

广告运作过程是指广告活动所经过的广告调查、广告策划、广告创作、广告发布以及广告效果测定五个环节及其相互关系的总称。

1. 广告策划是营销策划的有机组成部分

广告策划是营销策划的有机组成部分，广告策划要服从企业的营销战略和策略的要求。因而在一些中小企业、在一些营销理论和实践水平不太高的企业，广告公司在进行广告策划业务时常常从事一定的营销策划，甚至广告策划就是营销策划。

2. 广告策划在广告运作中处于核心地位

广告策划处于广告活动的核心地位。它对活动的目的、内容起决定作用。广告策划以广告调查为基础，又为广告调查提供指导。广告策划的成果也能说明它的核心地位。广告策划回答了为什么做广告、对谁做广告、在什么时候做等问题。而且正因为它对上述问题的回答，才产生了广告目标、广告对象、广告主题、广告时机、广告媒介等成果，广告策划是广告活动成败的关键。广告策划常常贯穿于整个广告活动的全过程，是一项指导性很强的运筹帷幄的活动，它决定着广告活动的方向和基本思路，广告策划的结果则成为全部广告的行动范围和行动指南。

三、广告策划的内容与步骤

1. 广告策划的内容

广告策划根据广告主的现状与要求及策划范围和内容的不同，可分为广义的广告策划和狭义的广告策划。广义的广告策划或广告运动策划是对一个较长时期内（通常为一年以上）的一系列广告活动的系统性、整体性的统筹和策划。狭义的广告策划又叫单项广告策划或广告活动策划，是针对一个特定目标或一个较短时期的广告活动进行的单独策划。

一个完整的广告策划的内容主要包括市场调研、制定广告目标和广告主题策略、广告核心创意与表现、终端与活动策划、制定广告媒体策略（包括提供广告预算和效果评估），最后把以上内容形成广告策划书文本。

图1-11、图1-12、图1-13 设计：吴浩、陈凯东、刘嘉慧 / 指导：吴颖露 李志红 曾鸿燕 / 2012
第二十一届时报金犊奖——大陆地区二等奖
点评：三年过了，好在还有智联招聘。设计师用插画记录自己三年的学习、生活，用视觉语言向企业展示才华。

（1）前期准备

前期准备工作是广告策划各环节顺利展开的前提条件，具有非常重要的地位和作用。前期准备主要包括以下步骤和内容：

1）与广告主接触，就广告策划事宜达成初步意向。

2）与广告主就广告策划进行具体商谈，明确广告主关于广告运动（活动）的意图。

3）签订委托协议。

4）广告公司内部进行人员调配的准备。

5）广告公司人员初步熟悉市场和广告主的基本情况。

6）广告公司初步收集有关市场、产品和广告主的资料。

7）广告公司内部成立广告策划小组。

（2）市场调研

市场调研是广告策划的基础。在现代企业活动中，市场瞬息万变，面对复杂的市场，企业要想盈利，就必须不断调整自己的经营策略和管理方法，使企业活动与内部、外部环境保持最佳状态，就必须进行市场调研。

市场调研主要包括以下几个步骤和内容：

1）确定市场调研的目标、范围、对象、方法，拟订市场调查计划。

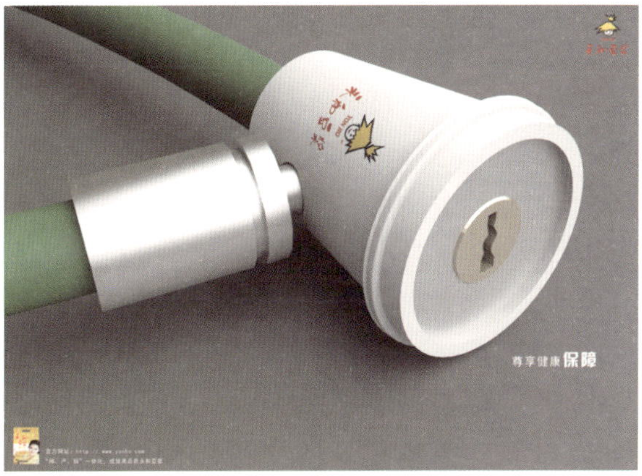

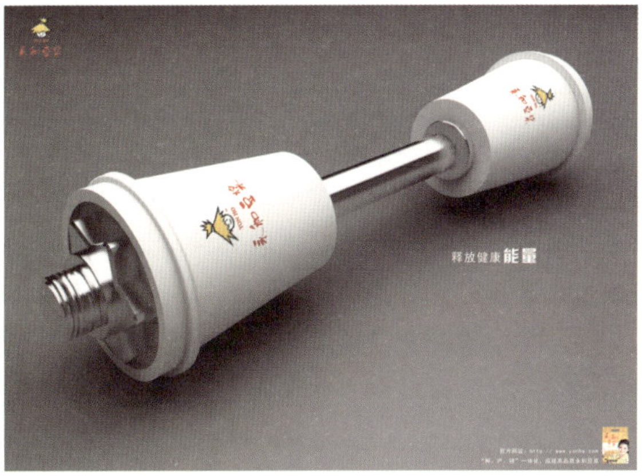

图1-14、图1-15、图1-16 设计：刘裕航 / 指导：吴颖露 郭涌 / 2012
第二十一届时报金犊奖——大陆地区二等奖
评论：激发健康活力，尊享健康保障，释放健康能量。

2）拟定市场调研所需的问卷、访谈提纲，准备必要的辅助设备和人员。
3）实施市场调研项目。
4）进行市场调研结果的分析、整理。
5）撰写市场调研与分析报告。

市场调研的目的是做到“知天知地”、“知己知彼”。“知天知地”就是要了解目前所处的宏观环境，了解当前的政策形势、行业状况、市场趋势，以及市场的人口分布、社会风尚和文化习俗等。“知己知彼”是对竞争对手、目标消费者以及广告主自身进行深入研究和分析。竞争对手研究是了解主要竞争对手的营销要素、品牌形象、广告策略、广告投放情况以及他们的市场占有率、销售情况、市场活动等。消费者研究主要是了解消费者的年龄、性别、收入、职业和家庭情况，研究消费者的需求动机和消费心理，以及生活方式、文化环境对其购买行为的影响，从而确定消费者的需求方向、心理偏好与消费行为等。广告主自身研究主要是了解企业资源尤其是营销资源、品牌现状、产品分析等，特别需要对广告主的营销团队、营销渠道、品牌核心价值、品牌调性、品牌知名度、品牌认知、品牌联想、产品生命周期、产品类别、产品线规划、产品价格、产品包装、产品外观、产品工艺、产品特点等进行深入了解和体验。

在市场调研的基础上进行SWOT（问题与机遇总结）等分析，深入洞察广告主的优势和劣势以及市场的机会和威胁，才能制定准确的广告策略。

（3）广告战略的制定
广告战略作为一定时期企业广告活动的指导思想和总体构思，是具有全局性的决策，是为实现总目标或根本利益而制定的行动纲领。经过SWOT分析，即确定要争取哪一些需求，把哪一些人作为目标，如何设定本商品在市场中的地位，注意宣传要点和表达上应留意的地方和展开广告时应留意的问题，并决定广告的目的和目标。

（4）广告策略的制定
广告策略是实现广告战略目标所采取的手段和方法。广告策略的主要内容包括目标市场策略、产品定位策略、诉求策略、表现策略、媒体策略，以及与促销策略和公关策略的配合等，从而构成广告策略体系。

市场调研有严谨的方法和程序，可以为广告策划的制定提供科学依据，使广告传播做到有的放矢。只有传播目标很清晰，传播方向很准确，广告传播的价值与效用才能得以科学的体现。通过市场调查，寻找广告的主题、关键词和核心诉求点，解决广告说什么和不说什么的问题，决定说什么是广告策略的主要任务。广告策略的形成往往是在市场调研的基础上进行创造性思考和提炼得来的，是科学和艺术碰撞的结果。

（5）广告计划的制订
根据制定的广告战略和广告策略，可以制订具体的广告计划，包括：
第一，制订具体的广告计划，包括确定广告目标，明确广告时间和广告范围，根据广告策略进行广告创意和表现，制定广告媒体策略，以及落实广告终端与活动的配合，如公共关系活动、促销活动、事件营销活动，等等。
第二，制定广告预算。根据广告计划确定广告费用的预算。
第三，研讨并确定广告效果预算和监测的方法。为保证广告效果，确定对广告效果进行事前预测和事后监测与反馈的方法。

（6）策划书的形成
经过市场调研、广告战略、广告策略、广告计划等工作后，广告在策划阶段的工作基本就完成了。广告策划书是广告策划者根据广告策划的结

图1-17、图1-18　设计：陈凯东、黄曼丽 / 指导：吴颖露 / 1995 /
第四届全国大学生广告节广东赛区二等奖、全国三等奖
点评：喝杯雀巢咖啡，一天好开始。

果撰写，并提供给广告客户审核、修改和认可，为广告运动（活动）提供策略指导和具体实施计划的一种应用性文件。广告主可以通过策划书了解和检查广告策划运作的结果，并根据广告策划书判定广告公司的广告策略和广告计划是否符合自己的要求。经过认可的广告策划书是广告策略和广告计划的依据，为后期广告表现、广告制作、广告发布提供指导。

广告策划书文本的形成和确定包括以下几个步骤和内容：

第一，撰写广告策划书文本。
第二，广告策划书的内部审核与修改。
第三，广告策划提案。
第四，广告策划书的修改和定稿。

2. 广告策划的程序与工作流程
签订好广告策划代理合同后即可以进行整体的广告策划业务，一般包括以下几个步骤：
（1）成立广告策划小组
成员包括客户人员、策划人员、设计人员、文案人员，有时还包括市场调查人员、媒介人员及公共关系人员等。

（2）召开客户说明会
请广告主派相关人员向AE或策划总监及广告策划小组主要人员深入介绍自身品牌情况、产品特性、市场状况、营销现状与策略、竞争对手等情况，并提供相关资料，协助策划小组迅速进入状态。

（3）制定工作时间表
AE或策划总监检查客户资料的完整性，决定资料收集和市场调查的内容与方式，进行人员分工，向相关部门和人员下达任务，根据合同或重要的时间节点制定出工作进度表，分发给每一位小组成员，保证广告策划的各个阶段的工作都能够在规定的时间内完成。

（4）策划小组进行内部研讨
研讨的内容主要有分析性研讨、决策性研讨、战术性研讨。分析性研讨包括广告策划中市场分析阶段的全部内容，如环境分析、市场分析、竞争范畴的界定和分析、消费人群分析、提出营销建议等；决策性研讨包括广告策划形成阶段的全部内容，如提炼出广告主题、确定目标市场策略、定位策略、广告表现策略、媒介策略等；战术性研讨包括确定具体的广告执行计划及进度表、召开创意会、提出广告预算等。

(5)编写广告策划书

包括广告策划的内容以文本的形式表达出来，同时对策划结果进行整理和检核，然后由广告公司的客户总监、策划总监或其他资深人员对广告策划书进行审核及修改。

(6)广告策略提案与确定

将广告策划书提交给客户审核，同时对重点问题进行必要的解释和说明，听取客户意见，与客户就广告策略的内容和结果达成一致。广告策略为整体广告运动的核心，是广告表现和传播发布的基础，它只有经过客户与广告公司的一致认定，后期的工作才能顺利进行。

(7)广告表现阶段

广告公司根据策略和不同阶段的要求进行创意表现和发展。核心创意通常要召开多次创意会才能生成和确定，之后根据核心创意，设计、制作出包括电视、报纸、杂志、广播、POP等在内的一系列广告作品，经广告公司的客户总监、策划总监、创意总监等审核后，发布阶段性广告作品提案。

(8)广告计划实施及效果分析

在广告实施的过程中，要及时地进行信息反馈，经常对广告效果进行必要的监控和分析，以使广告策略紧贴市场。广告效果分析，可在广告实施中，也可在广告实施后进行，既有阶段性，又有连续性。

(9)广告策划的总结

在广告运动(活动)全部实施完毕后，要对广告策划的工作进行总结，撰写总结报告，并归档保存。

四、广告策划的特征与原则

广告策划作为一种决策活动有其自身的规律。广告策划的活动规律表现出鲜明的特征。其特征规定了进行广告策划活动的原则。因此广告策划者所从事的广告策划活动要体现出广告策划的特征要求，并且必须遵循广告策划的原则进行广告策划活动。这样才能保证广告策划活动科学、合理地朝着正确的方向发展。

1. 广告策划的特征

(1)目的性

广告策划是决策的一种特殊形式。它是一种手段，而不是目的，但它服务于目的。它是用来帮助广告主通过广告的方式解决其所面临的市场问题，以及与市场相关的各方面的问题。因此，广告策划具有明确的目的性。广告策划的基本目的即是帮助广告主更好地实现广告目标，取得所期望的广告效果和广告效益。广告策划目的的作用在于指明广告策划的方向，引导广告策划按照正确的方向发展。

广告主的广告目标在不同的时期，面对不同的市场、产品、消费者、竞争者，具有不同的内容，如提高销售量和销售额，提高市场占有率，提高企业或产品知名度，树立企业形象，协调企业与社会公众、政府或经销商的关系，等等。但不论是何种广告目标，都取决于广告的基本目的。广告作为市场营销中促销的基本方法之一，其基本目的就是促销。因此，服务于广告目的的广告策划，必须服从企业市场营销的目的要求，以及企业营销战略和策略要求。

(2)整体性

广告策划是由广告策划主体、广告策划对象、广告策划依据、广告策划方法和广告策划结果等要素构成的一个完整的运动系统。缺少任何一个要素，这个系统就不成立。这个系统的运动需要各个要素的协调配合才能正常进行。即便具备了各个要素，但是割裂要素之间的联系，或各要素之间不能协调统一，这个系统的运动都不能正常进行，即广告策划活动不能正常开展。

（3）程序性

广告策划活动具有其内在规律。这个规律形成广告策划过程。而广告策划过程表现为广告策划的程序，由广告策划程序来描述。广告策划程序是由信息收集与分析、确定广告战略和广告目标、制定和选择广告策略并形成计划方案、编制广告策划书、广告创作、广告实施、总结报告等环节构成的。这些环节是按一定顺序连续展开的。各个环节是一个完整的广告策划过程所不可缺少的。如果随意跳过某个环节，那么这个广告策划过程就是不合理的。

（4）动态性

广告策划是一个按照一定的程序顺序展开的运动过程，这种运动过程是一种通过不断的反馈进行学习和探索的过程。广告策划的对象——广告活动处在一定的市场条件下，其本身随着市场、产品、消费者、竞争者的变化而变化，因而广告策划也随之发生变化。广告策划活动必须根据环境的变化而采取相应的对策，使广告策划的内容适应市场环境条件的变化，符合客观规律发展的要求。因此，广告策划具有动态性的特征。

（5）操作性

广告策划的目的在于执行，以帮助广告主更好地实现广告目标。因此，广告策划要在战略和策略的指导下制定出一系列可以操作的方式方法，使广告策划的思想和意图能够真正落到实处，使广

图1-19　设计：赵玉嘉 / 指导：吴颖露 / 2011 / 第二十届时报金犊奖——优秀奖
点评：用卡通形象的表现手法强化旺旺QQ糖，带给你童年的快乐回忆。

告效果和效益得以真正实现。不具有操作性的广告策划只能是纸上谈兵，没有策划的真正意义。

（6）创造性

广告策划在本质上是一种运用脑力的理性行为，是集思广益的复杂的脑力劳动。而脑力劳动的本性就在于创造，要创造新的思维和方法。广告策划是面向未来的，未来的不确定性要求广告策划必须创造新的方法以解决新的问题。创造性是广告策划的本质特征。

2. 广告策划的原则

广告策划是广告人对所要进行的广告活动在调查和分析的基础上，所作出的整体计划与安排。严格的逻辑和周密的计划是现代广告的重要特征，也是广告活动科学化、规范化的标志之一。没有精心的广告策划，就会使广告活动目标不明，计划不周，行动盲目，难以取得理想效果，甚至会造成资源浪费。因此，广告策划在整个广告活动中处于主导地位。

广告策划是一个有着特殊规律的系统工程，也是一种创造性的思维活动过程。不同类型的广告在策划上会有很大差异，但其中也有一些基本原则需要共同遵守。

（1）系统性原则

广告策划的各个要素、各个环节、各部分内容构成了一个完整的系统。广告策划活动本身是其各个构成要素及其关系的整体性的运作和协调过程。这个系统的整体有其明确的目的，就是使广告活动过程合理化和广告效果最大化。这个系统是动态的，并要保持一定的弹性，以适应不断变化的市场环境、消费者状况和产品状况。

广告策划系统具有高度的综合性。它集中地表现在对各门学科和技术领域的各种最新成果的综合运用方面，同时还表现在时间和空间上对各种计划的编制、安排、布局和实施过程方面的综合运用。

广告策划的系统性原则，要求进行广告策划时必须从整体协调的角度来考虑问题。广告策划的要素要齐备、环节要齐全、内容要完整，考虑问题要全面，各部门和人员在进行团队作业时要注意分工与协作、协调与配合，切忌广告策划活动中的各自为政，互不相关。

（2）可行性原则

所谓可行性，是指达到广告策划目标的可能性、可靠性、价值性、效益性等方面的分析、预测和评估。可行性研究具有超前性、最佳性、有效性的特点。这种可行性研究不是一般的评论可行或不可行，而是对事物进行定量、定性的精确分析。

（3）针对性原则

广告策划必须针对企业、产品、市场等的实际情况进行策划。企业不同，其广告策划应该是不同的。即使是同一企业，当其面对不同的产品、市场、消费者、竞争者时，广告策划也不相同。广告策划必须为每一个具体的客户提出针对其实际情况的策略和战术，使其具有独创性、差异性和个性。

（4）创造性原则

广告策划的成功在于全面、切实、可行，更重要的在于策划要有新意。广告活动的构想要与众不同，要标新立异。做别人所未做的事情，想别人所未想的点子。这才是真正的广告策划。

（5）效益性原则

讲求实效是广告策划的基本要求。企业进行广告策划时，除了考虑策划的目标外，还必须考虑企业的资源状况。任何一个广告活动都应讲究投入产出，讲究实际效果。经过广告策划的广告活动要获得广告效益。

第三节　广告创意的基本理论

在这一节里，主要学习广告创意基础理论知识点。广告创意并不是天马行空、不着边际，而是要在一定的限制和原则下完成，并且还要巧妙地吸引到消费者，所以要做好广告创意并不简单，而以下这些知识点有助于很好地理解做好广告创意的条件是什么，对广告创意有一个更全面的认识。

一、广告创意的概念

广告创意是为了确立和表现广告主题而进行的一种创造性思维活动。换言之，广告创意是使广告传播达到广告目的的富有创造性的主意、意念，或新奇的点子。广告创意贯穿于广告策划的全过

图1-20、图1-21、图1-22 设计：苏少明/指导：李志红/2010

点评：“人类不分垃圾，垃圾就会分了人类。”用拟人手法，夸张视觉，直达心灵深处。

程，它是通过构思形成的新颖而富有吸引力的广告创作意念。广告创意实质上是根据产品市场、目标消费者、竞争对手等情况制定的广告策略，寻找一个说服目标消费者的理由，并根据这个理由通过视、听表现来影响目标消费者的感情和行为。广告创意不同于纯艺术创作，它是一种目的性很明确的信息创作，通常是广告人集体智慧的结晶。因此，它必须服从广告目标和广告策略，在此前提之下，展开思考与联想，确定广告的表现方针，如广告诉求重点、信息的传播方法、说服的方式、技巧，等等。广告创意从根本上说是一种商业行为，它的功能是传达信息，目的是促进销售，使用的手段是艺术。因此，广告创意有自己的创意形态、创作方法，不能照搬艺术创作。

正确的广告创意程序是从商品、市场、目标消费者入手，首先确定有没有必要说，再确定对谁说，继而确定说什么，然后是怎么说。广告创意的核心在于提出理由，继而讲究说服，以促成行动。而这一理由应具有独创性，是别人未曾使用过的。

美国广告大师大卫·奥格威说：“要吸引消费者的注意力，同时让他们来买你的产品，非要有很好的点子不可。除非你有很好的点子，不然它就像快被黑暗吞噬的船只。”因此，广告创意的过程，就是想出各种好点子的过程。广告创意的基本原则——任何创意都是对客体的反映。广告创意是表现客体的思维活动，它来自对商品、市场、竞争、消费者，以及内外环境等方面的认知和把握。

二、广告创意的地位与作用

广告创意与广告活动联系紧密。广告创意地位重要，它是广告活动的灵魂。它的作用主要表现在本身构成广告活动的一部分、为广告活动彰显艺术魅力和提升广告活动的促销能力方面。在当代社会要做出优秀的广告策划，必须充分重视广告创意。

创意是广告的灵魂与生命，在广告活动中具有举足轻重的作用。但在具体的广告创意实践中应全面认识广告创意，掌握科学的创意思考方法、实践原则与表达原则等以避免广告创意的盲目性与步入创意的误区。通过对广告创意的概念、广告创意的重要性以及广告创意的正确应用的分析以及对广告创意方法等的解析，从而揭示广告创意正确运用对于广告的重要性。

创意是广告的灵魂，是将广告赋予精神和生命的活动。广告通过卓越的创意来吸引公众的注意，加深广告影响的深度和力度，从而使广告诉求产生效果，诱发购买者的兴趣和需求，起到引导消费的作用，给企业带来无限的经济价值。

三、广告创意的特征

1. 广告创意要以广告主题为核心

广告主题是广告定位的重要构成部分，即“广告什么”。广告主题是广告策划活动的中心，每一阶段的广告工作都紧密围绕广告主题而展开，不能随意偏离或转移广告主题。

2. 广告创意要以广告目标对象为基准

广告目标对象是指广告诉求对象，是广告活动所欲面向的目标公众，这是广告定位中“向谁广告”的问题。广告创意除了以广告主题为核心之外，还必须以广告对象为基准。“射箭瞄靶子”、“弹琴看听众”，广告创意除了要针对广告对象，要以广告对象进行广告主题表现和策略准备，否则就难以收到良好的广告效果。

3. 广告创意要以新颖独特为生命

广告创意的新颖独特是指广告创意不要模仿其他广告创意，人云亦云、步人后尘，给人雷同与平庸之感。唯有在创意上新颖独特才会在众多的广告创意中一枝独秀、鹤立鸡群，从而产生感召力和影响力。

4. 广告创意要以情趣生动为手段

广告创意要想将消费者带入一个印象深刻、浮想联翩、妙趣横生、难以忘怀的境界中，就要采用情趣生动的表现手段，立足现实、体现现实，以引发消费者共鸣，但是广告创意的艺术处理必须严格限制在不损害真实的范围之内。

5. 广告创意要形象化

广告创意要基于事实，集中凝练出主题思想与广告语，并且从表象、意念和联想中获取创造的素材，形象化的妙语、诗歌、音乐和富有感染力的图画、摄影，将其融会贯通，构成一幅完整的广告作品。

6. 广告创意是原创性、相关性和震撼性的综合体

所谓原创性是指创意的不可替代性，它是旧有元素的新组合。相关性是指广告产品与广告创意的内在联系，是既在意料之外又在情理之中的会意。1996年6月，戛纳国际广告节上获得广告大奖的由日本电・扬（Dentsu Youg & Rubicam）创作的“VOLVO安全别针”，让每一个评委看到之后都会过目不忘。正如美国评委Gary Goldsmith所言：“它是一幅仅有一句文案（一辆你可以信赖的车）的广告——纯粹的视觉化创意。我认为我们所看到的一些最好的东西，都是传递信息很快，并且很到位，它无须费神去思考或阅读。”因此，广告创意必须巧妙地把原创性、相关性和震撼性融为一体，才能成为具有深刻感染力的广告作品。

四、广告创意的类别

广告创意可分为以下几种类别。

1. 夸张广告

夸张是广告当中经常使用的手法，但是将夸张使用得恰到好处却不见得都能做到。美国芝加哥有家美容院的门口挂着这样的广告牌：“请不要和刚刚从这里走出来的姑娘调情，她很可能是你奶奶！”一则化妆品的广告语如是说：“如果说姑娘的脸就像一张天然的画布，那么抹上一点美加净爱罗丽，就会诞生一幅世界名画。”

2. 荒诞广告

可口可乐有一个电视广告：在非洲的某部落里，人们因遭受严重的干旱正在用宗教的方式祈雨，当仪式进行到高潮的时候，一辆可口可乐的冷藏饮料车从天而降！人们围着车子载歌载舞尽情狂欢。整个广告看起来像一部荒诞的好莱坞电影片段，在极短暂的紧张之后给人留下了深刻的印象，这种效果是正常的广告形式难以达到的。

3. 游戏广告

国外有一则牛奶的广告写道：“只要您连续1200个月每天喝一杯我的牛奶，你就能活100岁。”乍看这段文字好像也没有什么特别之处，但是要再品味一下或许就不那么简单了：1200个月不就是100年吗？它告诉你一个千真万确的事实：当你连续喝上1200个月的时候，你已不知不觉地是个百岁老人了。关键在于“连续”这两个字。这是广告中玩的一个数字游戏。

4. 逆反广告

国外有家酒店的广告：“本酒店长期以来出售的

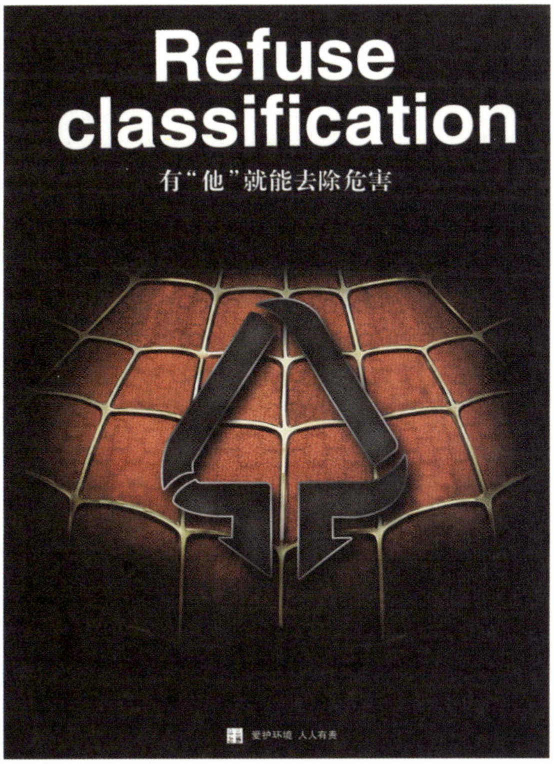

图1-23 设计：苏少明 / 指导：李志红 / 2010

是掺水10%的陈年老酒，若有不愿掺水者请预先说明。但若因此醉倒，本店概不负责。”此告示一出，该店生意马上兴隆起来。这则广告正是利用人们的逆反心理，将酒店出售酒的质量巧妙告诉消费者，比那些“绝不掺水”之类的话更加可信。《水浒传》里的“三碗不过冈”与此有异曲同工之妙。

5. 空白广告

香港的一家大公司曾不惜重金，在报纸上登了一幅整版广告。整个画面就一个大“?”，在最下面附一行小字：答案请看第十版右下角。读者好奇地翻到一看，那里画着一个嬉皮笑脸的小丑，旁边写道：“请接受××公司采用出众的特殊方式向您问好！您受惊了！如果您光临敝公司，众多的新产品将使您更为惊喜。”

《纽约时报》曾刊登过一家皮货店的广告。这则广告整版几乎空白，只在中心位置登了几个字：“星期天不开门。”下面用小字写着：“本公司认为，每个人在星期天都应该好好休息一下。”这则广告虽然看起来平淡无奇，似乎也没什么吸引人的文案。但是，当它刊登在整版都是密密麻麻文字的广告中间时，却显得独树一帜，特别地引人注目。读者不免会对这则广告产生兴趣，那句大白话般的广告语看起来也意味深长了，它读起来不像广告，倒像是对人们的一种关爱。

6. 幽默广告

英国有一个乡村理发店，店主为引人注意，竖起一块广告牌，上面写着：“先生们，我要你们的脑袋！”这则广告可谓一语双关、别出心裁。

国外的一个掌上电脑的广告，为了突出产品的快捷、准确、方便的短信息功能，该广告设计的连续的画面是：海报左右各有一张图片，左面是一个西装革履的年轻人意外地从高空中往下坠落（让人联想到可能是从飞机上掉下来的），情急之中拿出掌上电脑给地面发求救信息；右边的画面是接到消息的救援公司的人员已经铺好安全气垫在仰望天空等待。广告语是：“想一想，行动起来。”广告画面让人忍俊不禁，产品功能表现得淋漓尽致，这怎能不让人心动？

五、广告创意的思维

1. 广告创意的思维类型

一般认为，思维主要包括发散思维和聚合思维、顺向思维和逆向思维、横向思维和纵向思维。

（1）发散思维与聚合思维

发散思维又叫扩散思维、辐射思维、开放思维、立体思维。这是一种可以海阔天空地任意抒发的思维形式。它由一点向四面八方想开去，充分运用丰富的想象力，调动积淀在大脑中的知识、信息和观念重新排列组合，从而产生更多更新的设想和方案。

聚合思维，又称复合思维、收敛思维和集中思维。如果说发散思维是放飞想象的话，聚合思维则是回收想象。它是以某个问题为中心，运用多种方法、知识或手段，从不同的方向和不同的角度，将思维指向这个中心点，以达到解决问题的目的。相对于发散思维，聚合思维是一种异中求同，量中求变的方法。

两种思维方式有明显的区别。从思维方向看，两者恰好相反，发散思维的方向是由中心向四面八方扩散，聚合思维的方向则是由四面八方向中心集中。从作用上讲，发散思维有利于人的思维广阔性和开放性的形成，及在空间上的拓展和时间上的延伸，但容易因循守旧，缺乏变化。在开发创意阶段，发散思维占主导地位；在选择创意阶段，聚合思维占主导地位。创意就是在这种发散—集中—再发散—再集中的循环往复、层层深入中迸发而出。

（2）顺向思维和逆向思维

顺向思维是指人们按照传统的程序从上到下，

从左到右，从前到后，从低到高等常规的序列方向进行思考的方法。这种方法平时用得很多，尤其在处理常规性事物时具有一定的积极意义。但是顺向思维的常规性容易形成习惯性思维，即思维定式，从而影响创意思维的开发。

逆向思维是一种反常规、反传统、反顺向的思考方法。如果说顺向思维是我们平时走熟了的路，那么逆向思维往往能够帮助我们寻找到一条新路。广告大师A.莱斯在《广告攻心战略——品牌定位》一书中说："寻求空隙，你一定要有反其道而想的能力。如果每个人都往东走，想一下，你往西走能不能找到你所要的空隙。哥伦布所使用的策略有效，对你也能发生作用。"在寻求创意时，我们往往会陷入一种既定的方向，仅仅从正面着眼，只想表达产品如何如何好，如何实惠，此时如果能转换一个方向，调过头来，从事情的反面考虑，也许就能构想出一个意想不到的好创意。

（3）竖向思维和横向思维

竖向思维即垂直思维，是指"|"形的思维方法，一般是根据事物本身的发展过程来进行深入的分析和研究。也就是说，这种方法是按照一定的思考路线，在一定范围内，向上或向下进行垂直思考。

横向思维即水平思维，是指"一"形的思维方法。一般是从与某一事物相互关联的其他事物中分析比较，寻找突破口。也就是说，这种方法是突破本身的局限，从另一个新的角度来对某一事物进行重新思考。

法国心理学家爱德华·德·波诺（Edward De Bono）曾对这两种思维方法的特点进行了详细的比较分析，他发现，竖向思维是一种探索前因后果、把握来龙去脉的传统思维方式。竖向思维的各个思维点是前后、上下联结在一起的，如果中间有一个环节没有解决，则整个思维就会中断；如果变动其中任何一个环节，就会牵一发而动全身，改变整个思维结果。所以，竖向思维是一种循规蹈矩的思维方式，它能够历史地、全面地看待问题，有利于加强思考的深刻性、系统性，但不利于产生杰出的创意。而横向思维往往可以冲破传统观念和常规的束缚，看到竖向思维所看不到、想不到的东西，从而产生意想不到或突破性的创意。在产生创意的过程中，运用横向思维可以引发灵感，产生新的构想；运用竖向思维，则可以使新构想更加深入、具体和完整，两者必须结合使用才能相得益彰。

2. 广告创意的思维方法

（1）集体思考法

这种方法是通过集思广益进行创意的方法，为广告创意思维方法中最常用的方法之一。该方法是20世纪70年代左右由美国BBDO广告公司副总经理奥斯本提出，后在广告界广为流行的方法，此方法具有五大特征。

第一，集体创作。
第二，思考的连锁反应。
第三，禁止批评。
第四，创意量多多益善。
第五，不介意创意的质量。

集体思考法，是适应日益复杂的经济社会发展而产生和得以广泛运用的。正如前面所讲，现代社会的广告创意活动，已经不再是广告"天才"个人活动所能够完成的了，而往往是集体思考或集体合作之后的决策活动。

（2）垂直和水平思考法

这种方法是英国心理学家爱德华·戴勃诺博士所倡导的广告创意思考法，因此，此方法通常又被称作戴勃诺理论。

这种方法把人的思考法分为两种类型，一种是逻辑的思考和分析法，另一种称为水平思考法。

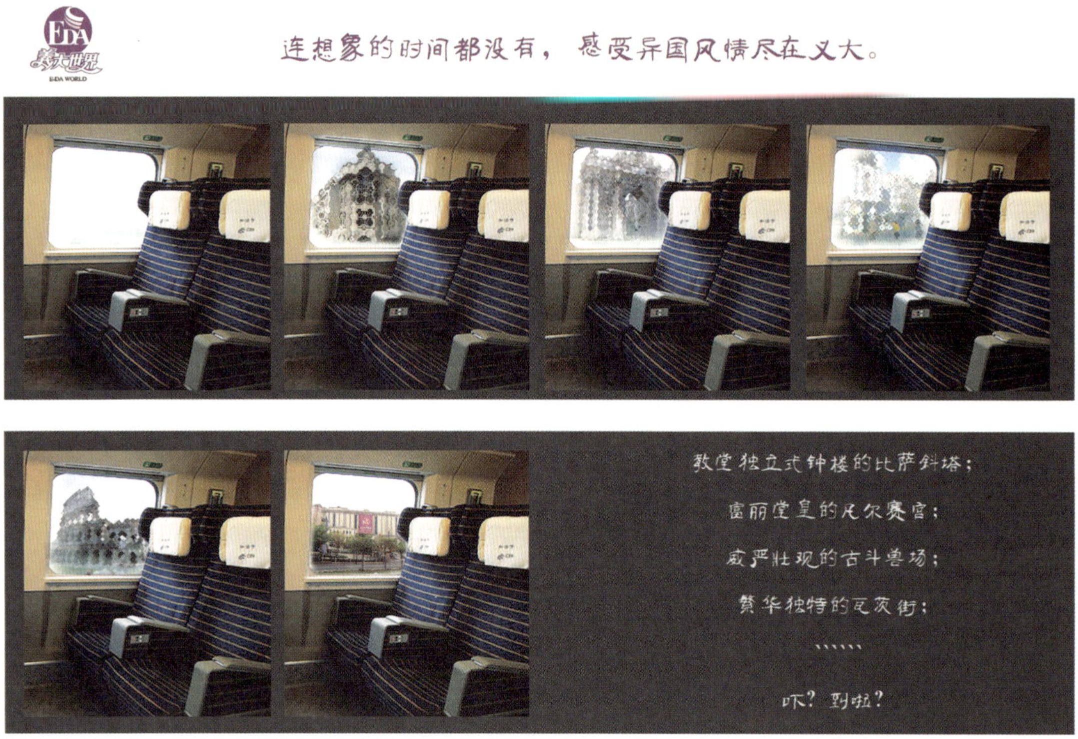

图1-24　设计：刘静雯 / 指导：吴颖露 / 2011 / 第二十届时报金犊奖——优秀奖
点评：在义大世界感受各国风情，连拍的图片都富有时间感。

1）逻辑的思考和分析法。这种类型的思考是按照一定的思考线路，在一个固定的范围内，自上而下进行垂直思考，故被称为垂直思考法。

此方法偏重于对于已有的经验和知识，以对旧的经验和知识的重新组合来产生创意，能够在社会公众既定心理基础上交出广告创意的诉求，但是在广告形式上难以有大的突破，结果比较雷同。

2）水平思考法。这种类型的思考法是指在思考问题时摆脱已有知识和旧的经验约束，冲破常规，提出富有创造性的见解、观点和方案。这种方法的运用，一般是基于人的发散性思维，故又把这种方法称为发散式思维法。例如，在人们普遍考虑：“人为什么会得天花”问题时，琴纳考虑的则是：“为什么在奶牛场劳动的女工不得天花？”正是采用这种发散式思维法，使他取得了医学上的重大发现。

（3）跳越联想法

这种思考方法是在进行广告创意时，为了找到令人惊异的构思，而在看似毫无关联的两个问题之间构想出特定关系。这种方法是以跳越产生联想，而并不把自己思考的基准点加以固定。

（4）转移经验法

广告创意的转移经验法是指把一种知识或经验转移到其他事物上的思维方法。在进行经验的转移时，既可以是同类、同质经验上的转移，也可以是异类、异质经验上的转移。

六、广告创意的基本原则

1. 相关性原则

相关性原则是广告创意中最基础的原则。广告创意必须与产品个性、企业形象、目标消费者及市场背景和社会环境相关联。创意的过程是对商品信息的编码过程，受众接受广告信息后，要经自身的译码，在译码中产生联想和会意，使自己的经验、体会与商品信息结合在一起，才能达成沟通。创意把概念化的主题转换为视听符号，直观性强，但也产生了多义性，为了避免产生歧义，创意时要符合相关性要求，即广告传递的信息，必须与商品或企业相关，让人一看(或听)就知道是某商品或某企业的信息，而不能含混不清或是喧宾夺主。有些产品起用明星做广告，但却没能找到明星与产品之间的联系，创意缺乏相关性，受众看了广告之后，只记得某明星做了一则广告，却把广告所应该表达的主要信息给忘了，这种创意无疑是失败的。

而邦迪创可贴的平面广告却充分反映了创意的相关性原则，它巧妙地利用了产品“愈合伤口”的特性与朝韩峰会这一寓意两国交好的新闻的相关性，提出了“邦迪坚信：没有愈合不了的伤口”的口号，给人留下了深刻的印象。

2. 原创性原则

广告创意贵在“新”，要做到这一点，就要突破常规，出人意料，与众不同，切忌因袭雷同，似曾相识。没有原创性，广告就缺乏吸引力和生命力。当然，借鉴是允许的，但不能模仿照搬。只有超越，才能卓越。

有一则拖鞋的广告，我们看到的是人掉进了洞里，脚下的拖鞋却还紧紧抓着地面，这是多么戏剧性的画面，多么荒诞的情节啊，但正是这一反于常理的创意元素的组合却深刻地展示出产品“超强抓地力”的特性，是很典型的“创造性地把握概念核心与创意元素”的创造性思维。

3. 震撼性原则

震撼性是指广告创意能够进入受众的心灵深处，对他们产生强烈的冲击，没有震撼性，广告就难以给人留下深刻的印象。一个人每天要接收到大量的广告，要想受众对广告产品留下深刻的美好的印象，新颖、惊奇是重要的手法。刺激越强，造成的视听冲击力越大，就越容易给受众留下印象。具体说来，画面、音响、富有哲理的广告语，都能不同程度地造成一定的视听冲击力。只有在消费者心中留下印象，才能发挥广告的作用。而要做到这一点，要吸引消费者的注意力，同时让他们来买你的产品，非要有很好的点子。当然，这里所说的震撼性产生的印象应该是好的印象。

例如：白加黑感冒片电视广告：五彩缤纷的电视画面突然消失了，屏幕上一半黑一半白，而且信号极不稳定，此画面一下子引起人们的注意：“怎么了，电视出毛病了？”正当你着急的时候，突然看到屏幕上出现一行字：“感冒了，怎么办？你可选择白加黑的方法。”紧张的神经才松弛下来，而下面的广告信息已经乘机钻进你的脑子：“白天吃白片，不瞌睡，晚上吃黑片，睡得香。”这则电视广告不但引人注意，而且给人印象深刻，其成功之处正在于出人意料，打破现状，使人感到惊奇。

4. 简明性原则

广告创意必须简单明了、纯真质朴、切中主题，才能使人过目不忘、印象深刻。广告大师伯恩巴认为：“在创意的表现上光是求新求变，与众不同并不够，杰出的广告既不是夸大，也不是虚饰，而是要竭尽你的智慧使广告信息单纯化，清晰化，戏剧化，使它在消费者脑海里留下深而难以磨灭的记忆。”最好的创意往往是最简单的创意。因为在信息爆炸的当代社会，受众被淹没在信息的海洋中，只有那些简洁明快的广告能够吸引他们。因此在进行广告创意时，主题要突出，信息要凝练，诉求重点要集中，无关紧要的要删去。电视广告镜头要破除烦琐，反映主信息；平面广告要讲究视觉流程，凸显主题，创意越单纯越易被受众接受。

例如，麦当劳一则电视广告，画面是一个婴儿在摇篮中荡来荡去，一会儿哭一会儿笑，笑是因为

图1-25、图1-26、图1-27 美芝品牌形象广告
川上广告 / 2012

摇篮荡上去时他看见了麦当劳的标识，哭是因为摇篮荡下来时看不到标识，整个广告极其简洁，没有任何多余的东西，但却形象地将广告所要表达的信息完整地传达给了目标受众。

5. 合法性原则

广告创意必须符合广告法规和广告发布地的伦理道德、风俗习惯，由于各个国家的广告法规和风俗习惯都有所不同，因此在进行广告创意时一定要做到符合规范。比如，香烟广告在很多国家都被禁止在公共场合发布。在我国，不能做比较广告和以“性”为诉求点的广告，等等。

第四节　广告策划书范本

这一部分提供了广告策划书的基本结构和范本，我们会看到，广告策划是一个全方位的谋略活动，如同一个军事战役的战略运作，策划书便是战役的书面作战计划，计划是否周详，关系到战役的成败。而广告策划书的撰写也是如此，它关系到一个品牌和企业的兴衰，所以要以严肃、科学的态度对待它。

一、广告策划书基本结构

广告策划书基本结构

封 面		
目 录		
前 言		
正 文	第一部分　市场调查与分析	营销环境分析
		产品分析
		消费者分析
		市场竞争分析
		问题与机遇总结（SWOT 法）
	第二部分　广告战略与策略	广告战略制定（目标市场、消费者、广告目标、产品定位）
		广告策略制定
		广告创意和表现
		广告媒体策略
	第三部分　广告计划	广告发布计划
		广告预算
		配套营销策略（如促销、公关、主题活动等）
		整体计划安排（人财物的落实，详细时间表）
	第四部分　广告效果预测和监控	广告效果预测标准与方法
		广告效果监控和评估
附 录	1．市场调查问卷 2．市场调查访谈提纲 3．市场调查报告	

二、广告策划书范本

广告策划书内容与结构的一般模式：

（一）封面

一份完整的广告策划书文本应该包括一个版面精美、要素齐备的封面，以给阅读者良好的第一印象。

（二）广告策划小组名单

在策划文本中提供广告策划小组名单，可以向广告主显示广告策划运作的正规化程度，也可以表示一种对策划结果负责的态度。

（三）目录

在广告策划书目录中，应该列举广告策划书各个部分的标题，必要时还应该将各个部分的联系以简明的图表体现出来，一方面可以使策划文本显得正式、规范，另一方面也可以使阅读者能够根据目录方便地找到想要阅读的内容。

（四）前言

在前言中，应该概述广告策划的目的、进行过程、使用的主要方法、策划书的主要内容，以使广告客户可以对广告策划书有大致的了解。

（五）正文

第一部分：市场调查与分析

这部分应该包括广告策划的过程中所进行的市场分析的全部结果，以为后续的广告策略部分提供有说服力的依据。

1. 营销环境分析

（1）企业市场营销环境中宏观的制约因素：宏观经济形势，市场的政治、法律、文化背景。

（2）市场营销环境中的微观制约因素。

（3）市场概况：市场的规模、市场的构成、市场构成的特性。

（4）营销环境分析总结。

1）机会与威胁。

2）优势与劣势。

3）重点问题。

2. 消费者分析

（1）消费者的总体消费态势。

（2）现有消费者分析。

（3）潜在消费者。

（4）消费者分析总结。

3. 产品分析

（1）产品特征分析。产品的性能、产品的质量、产品的价格、产品的材质、生产工艺、外观与包装及与同类产品的比较等。

（2）产品生命周期分析。

（3）产品品牌形象分析。

（4）产品定位分析。

（5）产品分析总结。

4. 企业和竞争对手的竞争状况分析

（1）企业在竞争中的地位。主要分析市场占有率、消费者认识、企业自身的资源和目标等。

（2）企业的竞争对手。了解分析主要的竞争对手是谁？竞争对手的基本情况，竞争对手的优势与劣势，竞争对手的策略等。

（3）企业与竞争对手的比较。

5. 企业与竞争对手的广告分析

（1）企业和竞争对手以往的广告活动概况。

（2）企业和竞争对手以往的广告目标市场策略。

（3）企业和竞争对手的产品定位策略。

（4）企业和竞争对手以往的广告诉求策略。

（5）企业和竞争对手以往的广告表现策略。

（6）企业和竞争对手以往的广告媒介策略。

（7）广告效果。

（8）总结。竞争对手在广告方面的优势、企业自身在广告方面的优势、企业以往广告中应该继续保持的内容、企业以往广告突出的劣势。

第二部分：广告战略与策略

1. 广告的目标

1）企业提出的目标。

2）根据市场情况可以达到的目标。

3）对广告目标的表述。

2. 目标市场策略

1）企业原来市场观点的分析与评价。

2）市场细分。

3）企业的目标市场策略。

3. 产品定位策略

1）对企业以往的定位策略的分析与评价。

2）产品定位策略。

4. 广告诉求策略

1）广告的诉求对象。

2）广告的诉求重点。

3）诉求方法策略。

5. 广告表现策略

1）广告主题策略。

2）广告创意策略。

3）广告表现的其他内容。

6. 广告媒介策略

1）广告媒介的选择。

2）广告媒介组合策略。

3）广告发布时机策略。

4）广告发布频率策略。

第三部分：广告计划

1. 广告创意的执行与控制

2. 广告业务的执行与管理

1）广告目标管理。

2）广告信息管理。

3）广告媒体管理。

3. 广告发布计划

1）广告发布的媒介。

2）各媒介的广告规格。

3）广告媒介发布排期表。

4. 配套营销计划

1）促销活动计划。

2）公共关系活动计划。

3）其他活动计划。

5. 广告费用预算

1）广告的策划创意费用。

2）广告设计费用。

3）广告制作费用。

4）广告媒介费用。

5）其他活动所需要的费用。

6）机动费用。

7）费用总额。

第四部分：广告活动的效果预测和监控

1. 广告效果的预测

1）广告主题测试。

2）广告创意测试。

3）广告文案测试。

4）广告作品测试。

2. 广告效果的监控

1）广告媒介发布的监控。

2）广告效果的测定。

附录：

在策划文本的附录中，应该包括为广告策划而进行的市场调查的应用性文本和其他需要提供给广告主的资料。

1. 市场调查问卷。

2. 市场调查访谈提纲。

3. 市场调查报告。

第二章

边学边做：广告策划与创意实训

2013年4月，中国最大的高校渠道传播平台——第五届全国大学生广告艺术大赛在全国上千所院校展开。全国大学生广告艺术大赛（以下简称大广赛）——中国高校最大的传播平台，由教育部高等教育司指导，教育部高等学校新闻学学科教学指导委员会、中国高等教育学会广告教育专业委员会共同主办，中国传媒大学、全国大学生广告艺术大赛组委会承办的唯一全国性高校文科大赛。值得注意的是，赛事的所有选题均面向社会征集，将企业营销的真实课题引入比赛，广告实践有了更广阔的舞台。大广赛旨在提高大学生的创新精神和实践能力，激发大学生的创意灵感，促进大学新闻传播、广告、艺术教育的人才培养模式的改革，同时对于课程设置、教学内容和方法的出新起到了推动作用，极大地提高了大学生的动手能力、实践能力、策划能力和综合能力。

竞赛题目采用企业真实案例，选题征集工作也由各中外企业和机构积极参与，最后公布的竞赛题目除了公益广告选题外，其他全部为企业的真实广告项目，其目的就是希望院校的学生能结合社会的需求进行广告的学习，实践出真知，这也是提高其专业水平的最有效手段。

在这一章里，我们以实际的广告运作流程来阐述每一步需要掌握的知识。

第一节 市场调研与分析

市场调研是广告的第一步，也是广告过程中必不可少的一个重要环节，运用科学的方法系统地搜集、记录、分析市场的信息，从而了解市场发展的变化和趋势，为企业经营决策，广告策划提供科学的依据，我们通过以下的这个业界案例先来窥其一二。

一、课程要求

训练目的：掌握市场调研的步骤和内容，掌握撰写调研报告框架和程序。

作业要求：要求调研报告行文规范，数据详细。

项目时间：12学时

相关作业：1. 撰写调研报告；

2. 设计制作调研PPT提案。

学习要求：1. 了解市场调研的基本内容和调研报告的框架；

2. 学习科学的作业程序、训练逻辑思维及分析数据的能力。

二、业界案例

A牌滴眼液市场分析报告

广州市鑫河广告有限公司供稿/2012

滴眼液市场分析报告

目 录

第一部分 滴眼液市场发展趋势
第二部分 滴眼液消费者分析
第三部分 A牌品牌主要竞争对手分析
第四部分 A牌滴眼液品牌透析

第一部分 滴眼液市场发展趋势

趋势一

1. 滴眼液市场快速成长

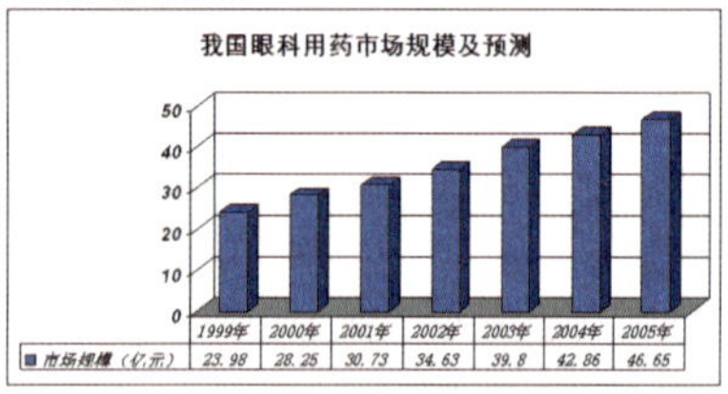

	1999年	2000年	2001年	2002年	2003年	2004年	2005年
市场规模（亿元）	23.98	28.25	30.73	34.63	39.8	42.86	46.65

（数据来源：北京美兰德医药信息咨询有限公司）

据数据显示眼科用药市场年平均增长率达到15.76%，是一个处于成长期的市场。

2. 保健类滴眼液成为整个市场增长的主导力量

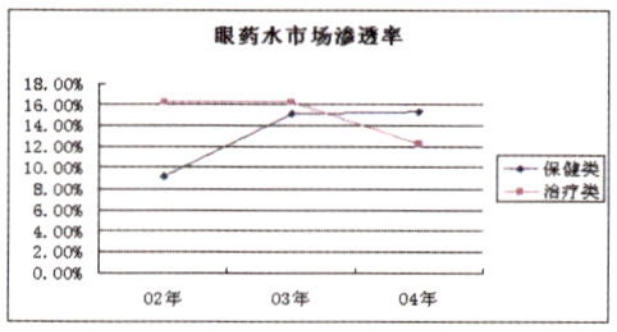

在快速增长的滴眼液市场中，由于网络等的迅速发展，眼部不适人群快速增长，带动了以视疲劳为主的保健类滴眼液的快速增长态势。

（数据来源：央视泰福瑞）

启示1：

面对不断增长的滴眼液市场，

如何才能在滴眼液的新一轮增长中获得份额，

奠定自身长期的发展基础？

趋势二

治疗类滴眼液市场呈现品牌集中化趋势

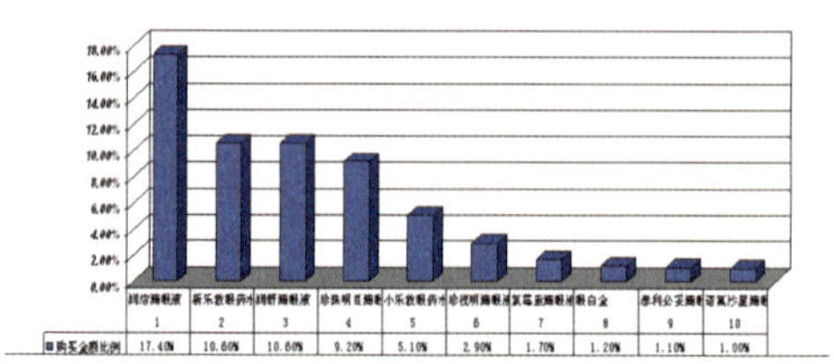

（数据来源：北京美兰德医药信息咨询有限公司）

图表显示：

以往治疗类滴眼液往往只有产品，少有品牌，但近几年情况正在发生变化，治疗类滴眼液正在由分散的产品导向型市场向品牌导向型市场转变。

润舒、乐敦康等品牌滴眼液的市场在迅速增长，比如同为氯霉素产品，润舒滴眼液的购买占比为10.60%，远远高于同类其他产品所占份额，乐敦康的市场也在迅速增长。

启示2：

目前A牌产品体系中只有两款产品，皆为保健护理类产品；且尚未形成品牌，与乐敦、珍视明相比，市场份额还很低，如何应对滴眼液市场由产品向品牌集中的变化？

趋势三

1、保健类滴眼液市场细分加剧

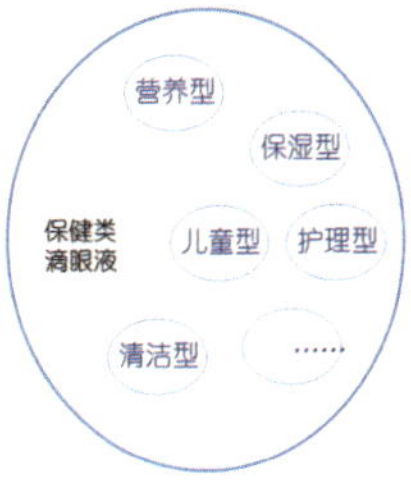

随着保健类滴眼液市场的快速增长，保健类滴眼液市场也呈现不断细分化的趋势。出现了症状功效角度的细分（如红、蓝、白润洁），使用人群的细分（少儿专用的小乐敦）等，可以预见，新的滴眼液细分市场还会不断产生。

2、保健类滴眼液产品线不断延伸，战线不断拉长

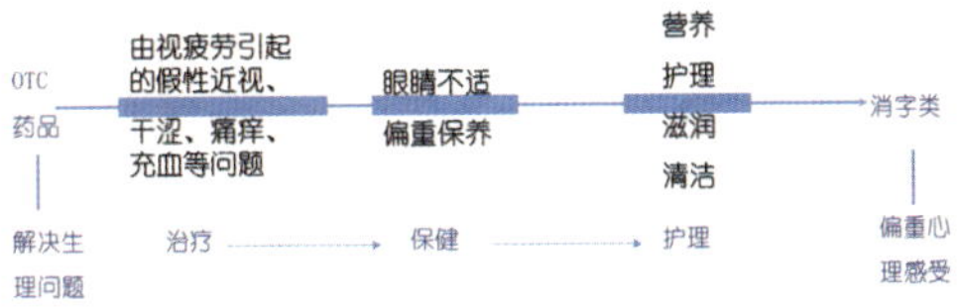

保健类滴眼液中越来越多的消字类产品的出现降低了行业的药品专业性门槛，产品的特性也由治疗解决问题逐步扩展到护理、营养层面。

保健类滴眼液市场不断细分及产品线的不断延伸，越来越多厂家开始进入，促使整个保健类市场趋于成熟。

启示3：

A牌滴眼液该如何更进一层楼，阻击竞争对手的细分蚕食，抢夺竞争对手的份额，做大单一优势产品？

趋势四

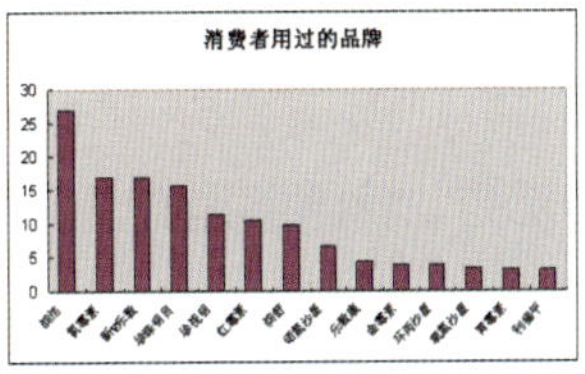

滴眼液品牌地位

润洁、氯霉素、新乐敦、珍珠明目、珍视明和红霉素位居市场前列，市场优势明显，使用比例超过10%的品牌。

A牌滴眼液相对而言，处于较为弱势的地位。

竞争品牌利用“品牌家族”市场模式，不断抢占细分市场

1、润洁

治疗市场：润舒（氯霉素）——结膜炎、沙眼、角膜炎等症状

润正……

保健市场：白润洁——干眼类症状

红润洁——眼痒充血等症状

蓝润洁——酸胀干涩等症状

润洁眼部护理液——清洁护理

……

润洁在品牌层面用润洁打开知名度，作为品牌统帅，并从两个层面进行拓展：

1、通过推出润舒、润正等姊妹品牌的形式来细分市场，拓展和巩固眼科用药专家的品牌形象，形成品牌家族；

2、通过在单品牌下不断细分出新产品的方式，拓展产品线。

从而达到既保持品牌统一性又保证产品细分　市场的成长。

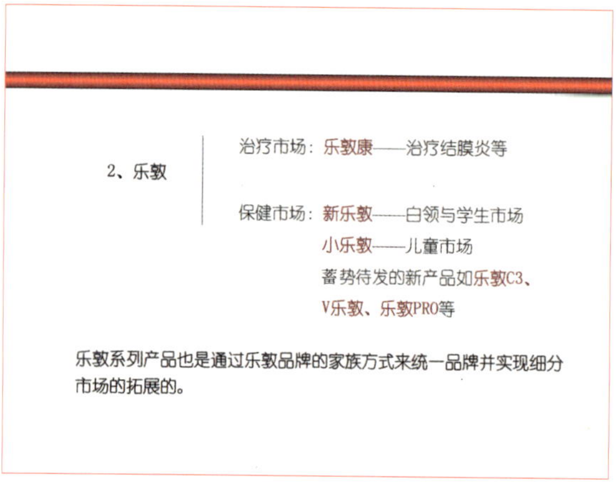

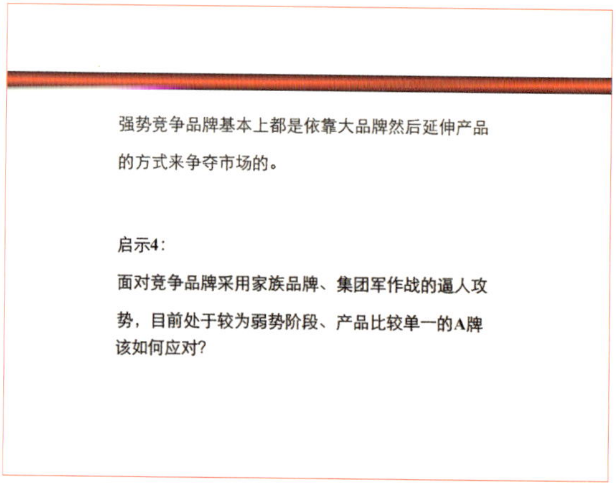

评析：此份滴眼液市场调研报告属于广告调研范畴，整个报告分为四个方面的调研内容，即市场环境，消费者调研，竞争对手调研，产品品牌分析。在市场环境调研里，通过大量数据和图表的展示，可以看出滴眼液正在由分散的产品导向型市场向品牌导向型市场转变。随着滴眼液市场的快速增长，保健类滴眼液市场也呈现不断细分化的趋势，（如清洁型、保湿型、少儿型，等等。）通过对“润洁”、“乐敦”两个重点品牌的信息的列举，更加佐证了滴眼液市场的发展趋势。

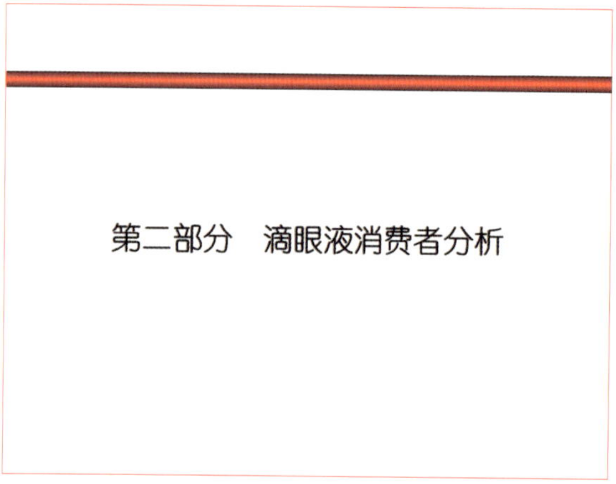

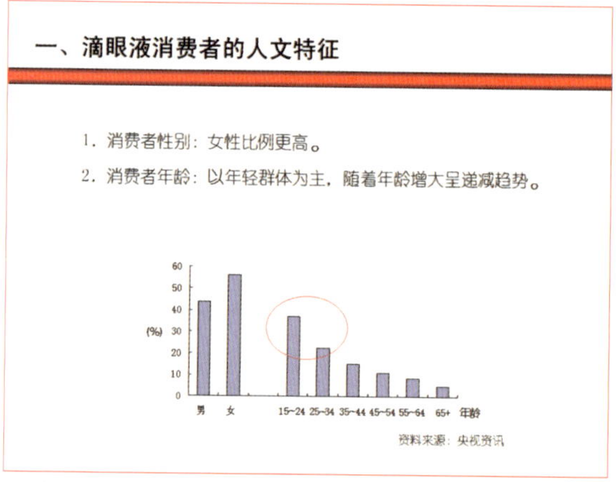

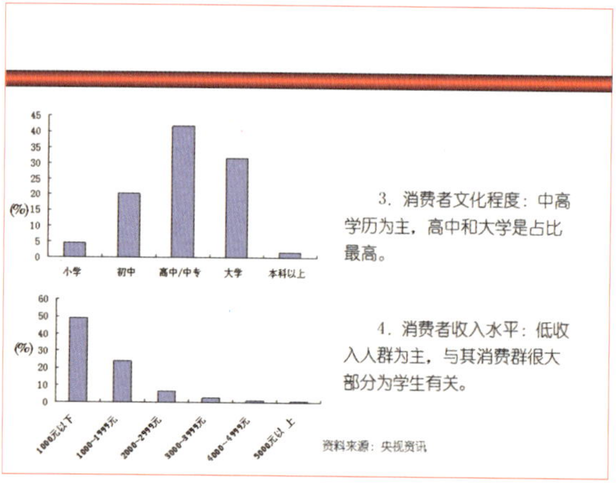

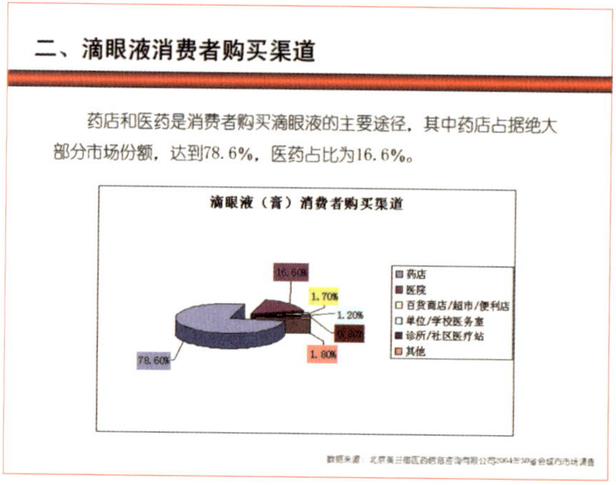

三、滴眼液消费者的眼睛烦恼

消费者有着各种的眼睛问题，如：

• 眼睛疲劳	• 视力模糊
• 干涩	• 发炎
• 酸胀	• 眼睛近视
• 眼睛充血	• 有异物感
• 发痒	• 进沙、进汗
• 眼睛痛	• 眼睛睁不开
• 流泪	• 沙眼
• 对光过敏	• 眼睛肿

其中最主要的眼睛烦恼是：

眼睛疲劳　干涩　酸胀

发痒　疼痛　和　眼睛充血

而眼睛不适又会引起一系列的身体问题

头晕/头痛　精力分散 想睡觉　恶心/反胃

滴眼液是消费者对于这一系列眼睛和身体问题最能立竿见影马上起效的办法，但同时它也存在着功效不能持久的不足

资料来源：2005滴眼液消费者调查

造成眼睛问题的原因

◆ 用电脑上网、聊天、玩游戏、看电视、看影碟、学生长时间的看书、年轻人运动、骑车时眼睛进汗、进灰，再加上不科学、不卫生的用眼习惯等，都是造成各类眼睛问题的主要原因

◆ 尤其是电脑，无论是学生还是上班族，很多被访者表示，他们都是在接触了电脑以后，各种各样的眼睛问题才越来越严重的

长时间上网
现代人眼睛问题
的第一大成因

四、滴眼液消费者购买决策考虑因素

购买滴眼液时考虑的因素

	考虑因素	TOP 1	TOP 2	TOP 3
功效和作用	74%	39%	62%	71%
安全，没有副作用	65%	24%	45%	56%
品牌形象	57%	15%	25%	40%
价格适中	52%	9%	26%	40%
有人推荐，口碑好	35%	3%	12%	23%
产品的成分	25%	3%	9%	14%
广告做得好	21%	2%	5%	11%
戴隐形眼镜时也可以用	11%	2%	4%	8%
产品包装设计	14%	2%	5%	9%
使用是否方便	23%	1%	3%	11%
产品的容量	11%	0%	2%	4%
有促销活动	6%	0%	1%	2%

TOP 2 = 第一位考虑+第二位考虑

TOP 3 = 第二位考虑+第三位考虑

- 消费者考虑最多的还是功效，越来越多的消费者希望未来的产品在功效上能够更为专业、更有针对性，那些说明书上号称包治百病的滴眼液将来会很难再获得消费者的认同
- 此外，面对众多诉求雷同的产品，除了口碑外，消费者将更多地从品牌、包装、甚至价格上判断其抗疲劳、滋润的功效是否能真正起到效果
- 虽然消费者中重视成分的只占到25%，但目前以成分作为主要诉求的滴眼液品牌几乎没有，所以考虑把成分作为产品差异化的独特卖点之一

资料来源：2005滴眼液消费者调查

评析：这一部分的内容提供的是消费者的调研情况，对消费者的年龄、性别、文化程度、收入状况都做了数据的搜集整理，从而锁定消费者特征。在此基础上，对消费渠道、购买动机和购买决策的数据搜集，更加丰富了消费者状况调研，通过这些数据分析出我们的产品受众是谁，他们为什么购买产品，又通过什么方式购买，这些都是为了下一步做广告策划寻找答案。

第三部分　A牌品牌主要竞争对手分析

1. 润洁

(1) 润洁主要市场策略分析

消毒品身份 快速占领市场	润洁是较晚进入市场的品牌，但是它通过申请消毒品的批文以消毒品的身份进入市场，直指“视疲劳”市场，具备了不受药品广告限制的优势，大大有利于快速占领市场。
网络营销 有效传播	润洁上市早期便大量投放互联网广告，费用相对低廉但直接面对主要目标群——上网一族，传播有效性大大增强。与新浪等网站合作举办互动活动，如2002年起开展的抽奖活动便吸引了15万人参加，塑造品牌高知名度和专业形象，并形成明显的品牌区隔。

体育营销提升知名度	润洁在体育营销方面大力投入，受益匪浅。通过赞助山东男篮和中超足球联赛等，品牌知名度不断提高，在眼科药物当中名列前茅。
功能细分覆盖各类人群	润洁根据视疲劳人群的不同症状进行产品细分，推出对应的产品系列，蓝润洁用于眼睛干涩，红润洁适用于眼睛出现充血、发痒和分泌物等症状，在此基础上，润洁又推出了白润洁，通过细分使市场覆盖能力进一步增强。

（2）润洁平面广告表现

直面目标人群，进行明确功能诉求，分别针对三种产品的不同特性进行功能细分。

2. 乐敦

（1）乐敦主要市场策略分析

视疲劳市场的教育者	乐敦进入市场时，国内还没有现场的眼药OTC市场，没有形成视疲劳和轻度不适使用眼药水的习惯，他们将产品定位成一种生活时尚产品的象征，将目标人群定位为更能接受新事物的年轻的学生、白领和工薪阶层。
体育营销打造优质品牌形象	在市场初期，作为一个知名度低、价格昂贵的滴眼液产品，乐敦努力成为了1996年奥运会中国跳水队的官方赞助商，当"梦之队"囊括6金时，乐敦也一举在渴望成功或已经成功的年轻人心目当中以此建立了优质和诚信的品牌形象。

快速消费品营销手法，终端制胜	为了使产品直接到达消费者，乐敦应用快速消费品上的一套营销手段，率先组建了一支OTC队伍，想尽办法打开药店的大门，设计活动来争取药店的支持和认可，向店员介绍产品知识、店员药品试用、店内进行良好的陈列等。久而久之，把"乐敦"的品牌形象彻底灌输到营业员的脑海中，在终端建立起强大品牌攻势。
强化专业形象注重公关推广	作为国内眼科药视疲劳市场的启蒙者，乐敦一直坚持对市场进行眼保健教育，塑造自己在眼科药领域的专业形象。针对学生群体，大力开展公关活动，为学生进行免费眼部检查，组织学校论文写作竞赛来宣传眼睛保护等，以此达到在学生群中树立品牌的目的。与中国健康教育协会合作，在北京和广州打造首个在学生中大规模开展的专业护眼健康教育项目"乐敦护眼工程"。

（2）乐敦平面广告表现

根据不同细分市场进行功能诉求，广告注重对消费者的眼保健知识教育，提升专业形象。

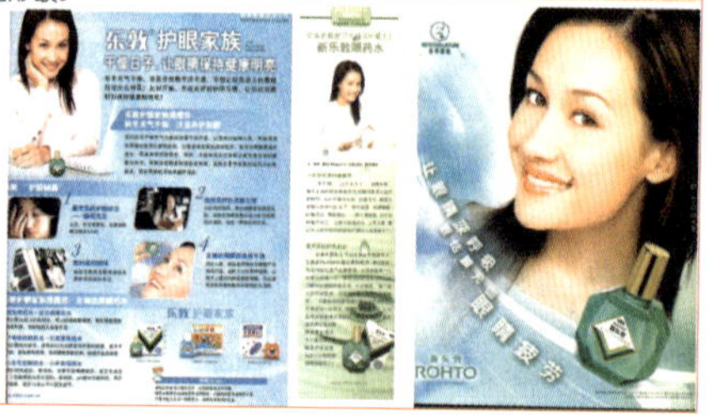

3. 珍视明

（1）珍视明主要市场策略分析

营销层面	✓品牌导向发展策略，有利于市场发展、树立竞争优势； ✓公关活动较多，主要针对学生群体，对视疲劳的另一主要人群——办公室用眼综合征的推广不多； ✓互动性推广活动较少，进行网络营销。
传播层面	✓广告投放大，年投放费用在1000万元以上，提升品牌知名度有余，专业形象塑造不够； ✓选择TWINS做形象代言人，有利于提高产品知名度，塑造年轻、时尚的品牌形象； ✓功能诉求为主，对适用人群诉求不够鲜明。

（2）珍视明平面广告表现

定位近视市场，聘用当红明星，吸引青少年。广告注重轻松、可爱的表现形式。

4. 其他品牌广告

闪亮

评析：这一部分是对主要竞争对手的市场策略和广告表现资料的搜集和分析。分别选取了“润洁”、“乐敦”、“珍视明”这几个主流品牌，在分析市场策略资料的基础上，将各品牌的市场地位、营销活动、广告传播等信息进行了归纳，从而看出“润洁”以消毒品身份进入市场，并在网络和体育营销上大做文章；“乐敦”却以引导者身份进入市场，在体育营销、终端药店营销这些方面塑造出了一个优质的品牌形象。这些显性的广告资料极大地丰富了市场调研的内容。

第四部分 A牌滴眼液品牌透析

面对新的市场与竞争趋势，检视自身优劣势，又面临哪些挑战和突破机会呢？

一、消费者局限

过去一年使用过的品牌

	初中生	高中生	大学	23~29岁白领	30~35岁白领
N=	150	150	150	150	150
润洁	45.3%	45.3%	58.0%	66.0%	60.3%
新乐敦	32.0%	36.7%	34.7%	31.3%	34.0%
珍视明	28.0%	42.0%	40.7%	38.0%	30.7%
润舒	7.3%	9.3%	9.3%	16.0%	13.3%
小乐敦	5.3%	2.0%	0.7%	0.0%	1.3%
[illegible]	4.0%	0.0%	0.0%	0.7%	1.3%
珍珠明目	3.3%	6.0%	6.7%	17.3%	14.0%
[illegible]	3.3%	2.0%	3.3%	1.3%	2.0%
千里明	3.3%	0.0%	0.0%	0.0%	0.0%
[illegible]	2.7%	2.0%	0.7%	0.0%	7.3%
A牌	2.7%	1.3%	1.3%	1.3%	0.0%
[illegible]	2.0%	1.3%	0.7%	2.0%	0.7%
[illegible]	2.0%	0.0%	0.7%	1.3%	0.7%
[illegible]	1.3%	0.7%	0.7%	0.0%	0.7%
[illegible]	1.3%	0.7%	0.0%	0.7%	0.0%
[illegible]	1.3%	0.0%	0.7%	0.0%	0.7%
[illegible]	1.3%	0.0%	0.0%	0.0%	1.3%
[illegible]	0.7%	1.3%	0.0%	0.7%	0.0%
[illegible]	0.7%	0.7%	1.3%	2.0%	0.0%
[illegible]	0.0%	0.7%	0.0%	0.7%	0.0%
[illegible]	0.0%	0.0%	1.3%	0.7%	0.0%
[illegible]	0.0%	0.0%	0.0%	1.3%	0.0%

最主要使用的品牌

	初中生	高中生	大学	23~29岁白领	30~35岁白领
N=	150	150	150	150	150
润洁	37.3%	33.3%	42.0%	47.3%	40.7%
新乐敦	28.7%	29.3%	28.0%	22.7%	24.0%
珍视明	16.7%	28.0%	19.3%	20.0%	18.0%
千里明	2.7%	0.0%	0.0%	0.0%	0.0%
润舒	2.0%	2.7%	2.7%	2.0%	5.3%
小乐敦	2.0%	2.0%	0.0%	0.0%	0.7%
珍珠明目	2.0%	0.7%	2.0%	4.7%	7.3%
好视觉	2.0%	0.0%	0.0%	0.7%	0.0%
[illegible]	1.3%	1.3%	0.0%	2.0%	2.0%
A牌	0.7%	0.7%	0.0%	0.0%	0.0%
[illegible]	0.7%	0.0%	0.7%	0.0%	0.0%
[illegible]	0.7%	0.0%	0.7%	0.0%	0.7%
[illegible]	0.7%	0.0%	0.7%	0.0%	0.7%
[illegible]	0.7%	0.0%	0.0%	0.0%	0.0%
润明	0.7%	0.0%	0.0%	0.0%	0.0%
近视灵	0.7%	0.0%	0.0%	0.0%	0.0%
[illegible]	0.0%	0.7%	0.0%	0.0%	0.0%
[illegible]	0.0%	0.7%	0.0%	0.0%	0.0%
乐敦康	0.0%	0.0%	2.7%	0.0%	0.0%
[illegible]	0.0%	0.0%	0.7%	0.0%	0.0%
[illegible]	0.0%	0.0%	0.7%	0.0%	0.0%
[illegible]	0.0%	0.0%	0.0%	0.7%	0.0%

资料来源：2005滴眼液消费者调查

局限：

A牌渗透率较低，且相对依赖学生群体，在职业性眼疲劳快速增长的情况下，显得比较局限。

与竞争对手相比有着消费群体年龄低、学历低、文化程度低的特点，属于中低端消费群体，很容易受到来自中高端市场的价格和品牌的冲击和影响。

机会：

A牌只有在扩大学生消费人群的前提下，同时突破自身消费人群局限，进一步扩展消费群体，才能赢得更大的发展空间和平台。

二、产品局限

品牌	主治功能	容量
珍视明	·用于青少年假性近视、缓解眼疲劳	15ml
新乐敦	·抗眼疲劳、减轻结膜充血	13ml
润洁(蓝)	·促进眼部营养、保持眼睛湿润、缓解眼疲劳、眼干燥等眼睛不适	10ml
润洁(红)	·眼疲劳、结膜充血、眼痒	10ml
润洁(白)	·暂时缓解眼部干涩症状	10ml
科诺	·清洁、抑菌、缓解眼部疲劳	10ml
享目	·清洁、护理眼睛，缓解视疲劳、改善眼部舒适度、抑制眼部细菌生长	7ml
A牌	·抑制细菌生长、促进眼部营养，保持眼睛湿润和卫生，防止眼睛疲劳等	15ml
替若	·缓解眼部干涩症状	10ml

资料来源：2005滴眼液消费者调查

	品牌	平均价(元)
珍视明	珍视明	7.0
乐敦系列	新乐敦	16.7
	小乐敦	18.2
	乐敦康	17.3
润洁	润洁（蓝）	12.4
	润洁（红）	13.0
	润洁（白）	6.6

	品牌	平均价(元)
其他品牌	麝珠明目	36.6
	中鑫	34.3
	享目	18.0
	集琦海珠神	16.9
	精灵眼	16.0
	凯丽明	15.4
	海洋E康	14.5
	A牌	14.1
	可晴爽	14.0
	亮睛视明	13.1
	雪莲视清	13.0
	双朗	10.9
	眼洁	10.6
	润清视明	10.0
	科诺	10.0
	润舒	9.2
	替若	8.3
	珍珠明目	5.7

□ 产品价格在众多滴眼液品牌中，处于中等偏上的水平；目前市场上多数品牌的价格都定位在10~16元。

资料来源：2005滴眼液消费者调查

局限：

A牌产品单一，只有一款保健类产品；功能、定价未见差异性，难以应对竞争对手的细分蚕食，面对不断细分和成长的滴眼液市场显得非常局限。

机会：

从长远来看，A牌只有将强势产品转化为强势品牌，再用强势品牌来带动系列强势产品，以此带动现有市场并开拓更大的市场。

三、品牌知名、偏好度局限

品牌知名度

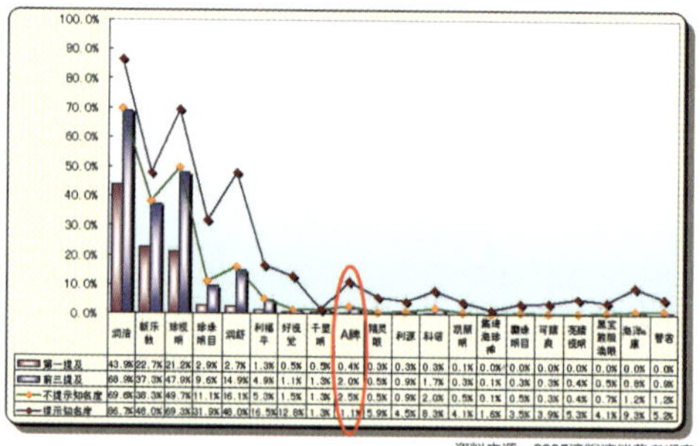

资料来源：2005滴眼液消费者调查

品牌偏好度

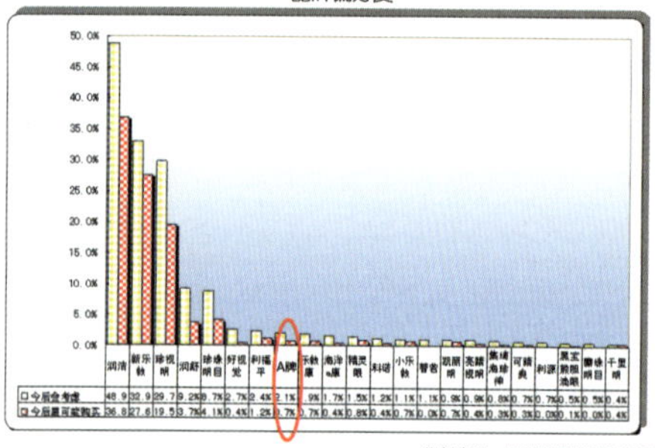

资料来源：2005滴眼液消费者调查

局限：

A牌在品牌知名度及偏好度方面与竞争对手都有较大的差距，导致实际的使用率大大低于对手，A牌偏好度在一定程度上局限了其市场表现，使品牌力难以完全转化为销售力。

机会：

A牌必须加强品牌美誉度建设，在品牌的个性、表现、传播上下功夫，建立品牌知名度与偏好度。

评析：市场调研报告不仅仅只是对市场资料的反映，还需对广告的策划和创意提出方向和指导，在A牌滴眼液品牌透析的内容里，将市场的数据和A牌滴眼液的机会点都做了很好的阐述。

三、知识点

（一）市场调研

市场调研是广告活动的开端，也是后续广告环节抉择的基础，广告策划是一个运用敏锐的“洞察力”与发挥丰富的“想象力”的过程。运用“洞察力”，就是用科学的手段、方法深刻地理解广告营销传播的目标对象；而发挥“想象力”，则是在广告传播设计中寻找恰到好处的人性化、艺术化的沟通方式。有效的广告传播是科学与艺术的有机结合。

市场调研是以科学统计、数据分析为基础的，具体运用市场调查方法去实现调查目的的调查研究，广告市场调研就是“洞察力”的有效应用，具体讲是指和广告活动密切相关的市场营销组合因素的调查和企业微观环境的调查。一般来说，市场调研的内容极为复杂，范围极为宽广，从不同的角度出发，就会对市场调查的内容和范围有不同的理解。但是，如果我们只从广告运作的规律考虑的话，市场调查的内容和范围还是基本确定的，主要有：市场营销环境调研、市场竞争性调研、消费者调研、产品调研、企业经营情况调研等几项内容。

（二）市场调研的主要内容和分类

1. 市场营销环境调研

市场营销环境调研以一定的地区为对象，有计划地收集有关人口、民族、政治经济、社会文化和风土人情等情况。在现代市场经济中，市场营销受市场环境的影响。因此，对市场营销环境的分析研究，就成为广告策划和创意的重要课题。

市场环境调查的主要内容有：

（1）人口统计：主要包括目标市场的人口总数、性别、年龄段、文化构成、职业分布、收入情况以及家庭人口、户数与婚姻状况等。通过对这些数据的统计分析，为确定诉求对象、诉求重点提供依据。

（2）社会文化与风土人情：主要包括民族、文

图2-1、图2-2　设计：黄润金 / 指导：吴颖露
2011 / 第二十届时报金犊奖——优秀奖
点评：让你旺一下，每颗QQ糖都充满童趣般的感觉。

图2-3、图2-4、图2-5、图2-6 设计：吴艳洁 吴嘉敏 梁嘉慧 / 指导：李志红 / 2011

点评：就是用这一理念，把四个不同的垃圾桶代表垃圾分类，然后，垃圾桶喷出许多美丽的城市，包括现代的建筑，古代的建筑，绿色的家园和公共场所。通过这几个色彩缤纷的画面，表现出“垃圾分类，越分越精彩”这一主题。

图2-7、图2-8　美芝品牌形象广告 / 川上广告 / 2012

化特点、风俗习惯、民间禁忌、生活方式、流行时尚、民间节日、宗教信仰等内容。对这些进行分析，可以为确定广告的表现方式和广告日程提供事实依据。

（3）政治经济：主要包括国家的法律法规、方针、政策、重大政治活动、政府机构情况、社会发展水平、工农业发展现状、商业布局等内容。这是制定产品策略、市场营销策略和进行广告决策的依据。

2. 企业经营情况调研

企业经营情况调研是指对企业的历史现状、规模及行业特点、行业竞争能力等情况的调查。

其目的是为广告策划和创意提供依据，从而有效地实施广告策略，强化广告诉求。

企业经营情况调研的主要内容有：

（1）企业历史：主要了解广告企业是新企业还是老企业，在其历史上取得过什么成绩，其社会地位和社会声誉如何等。

（2）企业设施和技术水平：主要了解生产设备和操作技术是否先进，发展水平如何。

（3）企业人员素质：主要包括人员的知识构成、技术构成、年龄构成、人员规模、科技成果、业务水平、工作态度、工作作风等情况。

（4）经营状况和管理水平：包括企业经营的成绩如何、企业组织结构和工作制度是否健全、工作秩序是否良好有序、企业的市场分布区域是否合理、流通渠道是否畅通，以及公关业务开展情况等。

（5）经营管理方法：包括企业经营的生产目标、销售目标、广告目标，以及实现上述目标采取什么样的经营举措、经营方式等。

3. 产品调研

产品调研是市场调研的一个重要内容，以此类产品为调查主题，从产品的诸方面性质入手，就可以确定此类产品是否在市场上适销，提出指导性意见，为企业的营销战略和广告策划提供参考。

图2-9、图2-10、图2-11、图2-12　李宁广告/1990

产品调研的主要内容有以下几点。

（1）产品生产：包括产品的生产历史、生产过程、生产设备、制作技术和原材料使用，以便掌握产品工艺流程和质量。

（2）产品性能：主要考察产品的功能，与同类产品比较突出的长处，此外还包括产品的外形特色、规格、花样、款式和质感以及装潢设计等。

（3）产品类别：产品是属于生产资料还是消费品。生产资料主要类别有：原料辅料、设备工具、动力。消费品的主要类别有：日常用品、选购品和特购品。只有分清产品具体属于其中的哪一类别，广告设计和广告决策才有针对性，广告媒体选择才能准确适当。

（4）产品生产周期：指产品在市场的销售历史，产品的生产周期分为五个阶段，即引入期、成长期、成熟期、饱和期和衰退期。产品处于不同的生命周期，其生产工艺水平不同，消费者需求特点不同，市场环境情况也不同，因而所要采取的广告策略就应不同。

（5）产品服务：在现代市场经济中产品服务是影响销售的重要内容，尤其是耐用消费品和重要生产设备。

产品服务包括：销售服务与售后服务。

销售服务包括：代办运输、送货上门、代为安装、调试培训操作人员等。

售后服务包括：维修、定期保养。

这方面的宣传也是增强消费者对广告产品信任感的重要方面。

4. 市场竞争性调研

市场经济的原则之一便是公平竞争，现代商品的市场竞争愈演愈烈，所谓“商场如战场”在市场竞争性调查中，重点查明市场竞争的结构和变化趋势，主要竞争对手的情况以及企意产品的竞争成功的可能性，在广告创意的竞争性调查中还要了解广告市场竞争的状况，各种广告手段与效果分析以及提出新广告策划的可能思路，通过这种调查性分析寻找到最有希望的产品销售突破口，寻找到最佳的广告创意。

市场竞争性调查的主要内容有以下几点。

（1）产品的市场容量：包括生产经营同类产品的竞争等项目、规模、市场占有率及变化特点。
（2）竞争对手的销售服务和售后服务方式、消费者的评价。
（3）竞争对手的生产经营管理水平，尤其是销售的组织状况、规模和力量、销售渠道选择方式。
（4）各竞争者所采用的广告类型与广告支出等。

5. 消费调研

“知道人们在一杯饮料中放几块冰？一般来说，人们都不知道，可是可口可乐公司知道。”这是美国作者约翰·科恩在谈到美国公司重视对消费者情况的基本调查时说的一段话。尽管在一杯饮料中投放几块冰，对消费者来说，是微不足道的小事，但是对企业广告公司来说却是极为重要的

图2-13、图2-14、图2-15　设计：吴晓悦 / 指导：吴颖露 / 2011 / 第二十届时报金犊奖——优秀奖
点评：给生活来点Q滋味。

大事，由于可口可乐公司了解人们在一杯饮料中加入几块冰的数据，该公司便掌握了美国餐厅饮料及冰块的需要量，可见对消费者群体进行调查研究，对企业来说，是多么重要。

市场调研针对的消费者，包括工商企业的用户和社会个体消费者，通过对消费者购买行为的调研，来研究消费者的物质需求、购买方式、购买决策，为确定广告目标的广告策略提供依据。

消费者调查的主要内容有以下几点。

（1）消费者的风俗习惯、生活方式、不同类型的消费者的性别、年龄职业、收入水平、购买能力以及对产品商标和广告的态度与认识。

（2）产品的使用对象属于哪一个阶层，消费者对产品的品情、质量、供应数量、供应时间、价格、包装以及服务等方面的意见和要求，潜在客户对产品的态度和要求，以及消费群体对新产品的需求趋势。

（3）影响消费的因素。包括购买动机、购买能力、购买习惯等因素。

1）购买动机——指推动消费者购买某种商品的

《唐僧篇》
男怕入错行，女怕嫁错郎
为了你的幸福
你应该更加疯狂地接受创意
不要被“袈裟”束缚
喜欢，就冲吧
上中国广告网，把创意娶回家

《西门庆篇》
男怕入错行，女怕嫁错郎
创意砸地球的机会只有千分之一
你不要以为会发生什么不可告人的秘密
最要紧的是你到底渴不渴望得到她
喜欢，就上吧
上中国广告网，把创意娶回家

图2–16、图2–17　陈凯东 / 指导：吴颖露 / 2011第二十届时报金犊奖——大陆地区二等奖

念头，只有找准是什么样的念头促成了消费者的购买行为，才有可能使广告宣传做到有的放矢。

2）购买能力——是指消费者在感情动机和理智动机的支配下而对某商品产生注意、兴趣、购买欲望之后的购买能力，研究购买能力是制定广告战略的不可缺少的重要内容。

3）购买习惯——即消费者日常在何时何地以及如何购买的问题。一般情况下，消费者购买商品的时间选择是有规律的，比如：有人常常在星期日到街上购买，有人则常常中午或晚上购物。再如，季节交换、节日来临、发工资等，都是影响购买行为的因素，了解这些情况，可为广告时机、地域的选择提供有价值的参考。

（三）广告市场调研的常用方法和技巧

广告市场调研的技巧，是指具体运用市场调研方法去实现调研目的时所需掌握的调研问卷，对获取全局准确的调研资料有很大帮助，而且往往是能否实现调研目标的关键。

1. 广告市场调研的问卷设计从总体上讲应符合如下基本条件

（1）问题必须简明扼要和有较强的信息涵盖量。

（2）问题要符合人们通常的逻辑思维进程，保证能获得对方答复。

（3）问题须具有典型意义，能够代表一定阶段内市场发展的基本趋向。

（4）问题应便于评议、分析和综合说明。

设计市场问卷是一项技术性很强的工作，除了要求具备以上条件外，设计问卷还要注意概念的确定性，尽量避免一般性问题或与调查内容无关的枝节事项，避免对被调查者进行引导、诱引。

图2-18　垃圾分类之《暴龙篇》/ 李志红 / 2010

图2-19　垃圾分类之《三角龙篇》/ 李志红 / 2010

图2-20　垃圾分类之《剑龙篇》/ 李志红 / 2010

图2-21、图2-22　比亚迪汽车 / 刘争强 / 2011

2. 设计问卷问题的基本方法有以下几种

（1）二项选一法

又称是否法或真伪法。即问题分为两种情况，被调查者只能选择其一。优点：求得判断明确，结论属于解说。缺点：不能表现有意见程度的差别。

例如："你是否喜欢丰田品牌？"

①喜欢（ ）②不喜欢（ ）

（2）多项选择法

即问卷设计给出两个以上答案，被调查者可在所给答案中选择一项或多项。

例如："在购买电冰箱时，你认为电冰箱哪种指标最重要？"（择一选之）

①内部容积大（ ）②制冷迅速（ ）③耗电量小（ ）④噪声小（ ）⑤外形美观（ ）⑥结构合理（ ）⑦其他（ ）

（3）排序法

即给出若干答案，让被调查者进行选择，并按重要程度排出先后顺序的方法。

例如："促使你买美的空调的主要原因是什么？"（择三并按重要程度排序）

①名牌（ ）②价格（ ）③广告（ ）④颜色（ ）⑤性能（ ）⑥他人推荐（ ）⑦售后服务（ ）

第一位：第二位：第三位：

（4）自由回答法

即问卷的问题不拟定答案，被调查者可以不受答案限制，而自由发表意见。这种方法可缩短问答者间的距离，但却难以形成一般性结论。

例如："你喜欢哪种款式的汽车？""你喜欢哪个品牌的化妆品？"

（5）漏斗法

又称过滤法，是指最初提出的问题总是范围广泛，应答者自由回答，然后逐步缩小范围，到最后所问的则是特殊的专门性问题。这种方法的特点是调查内容逐步概括，并归属调查主距，省略枝节性、表面性的问题，操作简便自然，有利于对调查问题的全局了解。

（6）比较法

即让被调查者对几种产品的品牌、商标、广告等，按照喜欢程度进行比较选择。这种方法不仅判断出所比较项目的顺序，也可以测定出所比较对象间的评价距离。

例如：喜欢、较喜欢、一般、较不喜欢、不喜欢（①牌广告、②牌广告、③牌广告）

（7）表格测检法

即让被调查者在一张印有产品相关特性的表格上注明自己的看法。

（8）文字联想法

即先列出一些词汇，每一个词汇，让被调查者写出他脑海中涌现出的几个字或几句话，主要用于产品、企业等的命名调查。
例如："下列有几个名词，逐一去看，看后分别写出你想出的字、词或句子。"
①长虹　②康师傅　③太阳神

四、作业实践

作业要求：调研报告3000字，提案PPT25页以上，要求内容涵盖市场调研的几大内容，数据详细，表格设计科学，目标明确。

课题时间：课时8学时，课外调研2周。

相关作业：（1）任务一：某汽车品牌混合动力车市场调研报告
（2）任务二：某汽车品牌混合动力车市场调研PPT提案
（混合动力车相比较普通汽油车会更加省油，节约更多的能源，也令我们的环境更加环保。）

图2-23、图2-24、图2-25　公益广告/广东省广告股份有限公司 / 2011 / 第十三届中国广告节铜奖

第二节　广告战略与策略

广告战略与策略，并非只是企业一时一地的权宜之计，而是经过周密的调查研究，审时度势，从战略的眼光出发，进行长远科学的谋划，为实现企业总的战略目标服务的。例如，美国七喜汽水公司，面对可口可乐公司、百事可乐公司的强劲竞争，尽管广告费增加了一倍多，但仍然亏损。后来，该公司利用人们对咖啡因的畏惧心理，开展了“七喜从来不含咖啡因，也永远不含咖啡因”的宣传攻势，由于这项“反咖啡因”广告战略的成功，使该公司的营业额稳步增加，并逐步转亏为盈。大幅度提高广告开支预算无法使企业起死回生，一项“反咖啡因”的广告战略却立见奇效，足见创造性和针对性都很强的广告战略的重大意义。

目前，广告策划人才奇缺，因为制定撰写广告策划不仅要有一定的文字功底，还要有广博的各学科知识，如市场营销学、消费心理学、文学、美学、广告战略学等，所以广告策划者要做到一个全才广告人，不仅仅只是掌握本专业的知识，还要与时俱进，不断提高文化修养。

一、课程要求

训练目的：了解广告战略目标制定，学习策略规划基本知识和内容，了解策略规划特征，了解广告策略基本知识和内容，了解策略的执行环节。

作业要求：1. 战略目标制定
2. 撰写广告策略单
3. 创意简报制作

项目时间：24学时

相关作业：结合实践，论广告战略在广告策划中的重要性；广告战略实训。

二、业界案例

藏珑房地产项目策划推广
（广东省广告股份有限公司供稿）

（一）案例阐述

房地产广告近年来在各大城市风起云涌，竞争也异常激烈，其中不乏很多优秀的房地产广告。尤其在内地中心城市长沙有一个楼盘的推广引起了房地产界的注意，它的名字是藏珑。

藏珑在当地的自然条件十分优越，也使得我们在一开始策划这个项目时就不愿去跟随其他高端楼盘的做法，藏珑需要独一无二的高度和气质，引领房地产的广告新潮流。

（二）项目情况

藏珑项目所在的区域是长沙“拓南兴北”项目的一部分，将成为城市规划重点发展地区，并由城中村向城中城转型，成为集文化、教育、高科技、商贸、居住一体化的综合性区域，未来发展前景潜力巨大。

而随着长沙自身产业结构的转型需求，大批企业高管、白领等人才来到长沙工作，同时促进了长沙楼市和人文素质的发展，也为此区域带来了巨大的房地产消费潜力。

这里，是一个人文荟萃的景观地标，月湖以及周边的旅游资源如古开福寺、烈士公园、青竹湖高尔夫球场、国际影视会展中心等将形成长沙地标景观工程。而藏珑在这样的优越环境下

图2-26 项目实景拍摄

应运而生。

（三）产品价值

了解项目的基本情况后，我们首先要分析找到产品价值和目标消费者，通过一系列的调研，我们看到——湖，是城市珍贵的资源。

月湖成为长沙最珍贵的城市资源，也是城市发展富有挑战性的一个机会。它是城市的理想栖居之所。它是人们逃离拥挤的、压力锅式的城市生活的场所，也是人们在城市生活中呼吸清新空气的地方。

藏珑坐揽与月湖融为一体的千亩园林公园：择水而居是人类亘古不变的生存形态。“怀思静守，则湖；胸怀世界，则江”，于城市水岸而居是城市人永恒的追求，相对于集聚市中心而居来说，临湖而居最能体现现代新贵的居住取向——一种“离尘不离城”的时尚生活，一种在城市中据守稀缺自然资源的尊贵生活。

贝尔高林园艺大师倾心打造的国际级的园林景观：因为有了湖，建筑自然多了一分灵动和秀丽。在波光粼粼中，建筑伸展着优美的身姿，在和风细语里，吹来建筑与湖的低声细语，因为湖，使建筑不再是钢筋水泥的堆砌；因为湖，建筑有了生命。

欧式建筑风格，大师级设计的豪华洋房：因为湖，成就了建筑与环境的和谐。湖与建筑、

图2-27、图2-28　项目实景拍摄

建筑与人、人与湖三者相互辉映，湖水是灵动的，建筑是静雅的，而人是丰富的。三者之间的和谐统一，不正是古往今来建筑所追求的“天人合一”的至善境界吗？

在这里，以稀缺资源造就独一无二的产品价值！

（四）聚焦目标消费者

非凡者，绝不孤芳自赏。谁才可以与藏珑形成共鸣、相互认同？他们具有何种价值观？

通过在楼盘销售点蹲点，对目标消费群跟进访谈，圈定处于社会中流砥柱的企业精英是藏珑的最佳目标对象。

他们，年龄在35~45岁，是处于社会中流砥柱的湘籍精英或外省驻当地高层。

他们，普遍拥有本科以上学历，丰富的学识让他们有长远的视界。

他们，大部分为大型企业中高层，部分拥有自己的企业和公司。

他们，很多人有一线城市的生活经验或是湘籍在外的成功人士，了解各地高品质的生活概念。

他们，购买的不只是房子，而是一种价值，用于居住或投资。

他们人生阅历丰富，高瞻远瞩；发现别人所未发现的方向，占有别人无法占有的地位；惯于把握别人无法把握的机会；拥有别人无法体验的优越享受……

而对于居所，他们需要的是真正具有稀缺性和价值的房子，希望摒除噪声、污染，注重环境和品位。

正是这群具有领袖风范的才智精英，以睿智的眼光，引领着长沙的发展与改变。

图2-29　独揽不可复制的资源，领略非同凡响的视界

（五）项目定位与广告策略

我们的定位与形象如何与这种气质相吻合？

“山不在高，有仙则名，水不在深，有龙则灵。”

项目案名

藏珑

藏珑，谐音“藏龙”。

龙，必生于有水之处，此案名对项目的资源有极好的反映，极富深刻的内涵。岳麓山，长沙名胜，惟楚有才，于斯为胜。藏龙，浩淼大泽，惟楚有才。

龙，代表着本项目的地位，暗示着本项目的资源，指向着本项目的目标客户群。

“珑”，辞海中指雕刻着龙纹的美玉，借此喻本项目乃长沙美玉。既可赋予它等级，又让项目显得内敛、含蓄、大气十足。

满足消费，展现自身价值，近自然而享繁华、远喧嚣而知天下。

由此，得出我们的项目定位——

城央湖岸之藏珑

城央，不只是一个方位，而是占据新城市生活的最佳距离。

湖岸，不仅是一种亲近湖、参与湖的情感依恋，更是一个对湖所带来所有景观优势的私享！

代言城市高层豪宅巅峰，

矗立于上层建筑文明与城市天际尖端，

独拥千亩月湖绝版自然美景，

领略无与伦比的私属视界盛宴，

在这里，领鉴世界品质的生活极致！

具有一定高度的人，

其所见、所思、所闻、所感……

都高于常人。

这是一种思想境界的高度。

得出传播的核心概念——

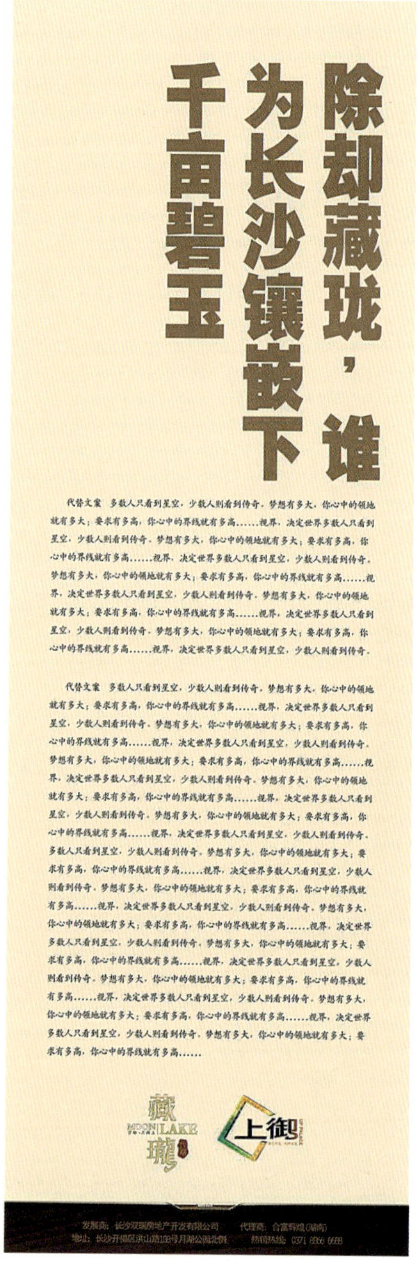

图2-30 藏珑地产广告 以标题文案迅速吸引消费者眼球

视界，决定世界

这样一句“视界，决定世界”的广告语成为了与目标消费者最有力的对应和情感共鸣，这也是一次对房地产广告语的震撼。

当项目定位和主题语确定下来后，接下来就是如何以别具一格的创意和视觉设计来传播广告，我们把“视界，决定世界”浓缩为“远见”作为创意点进行演绎，在创作上甩开常见的房地产广告的模板，以全新的创意诠释了藏珑的独特气质。

藏珑在房地产市场的畅销，为这个项目的广告策划之旅带来了拂面春风，配合广告的投放，使藏珑成为红火的长沙楼市中记忆度最高的楼盘之一，这是广告策划和创意的力量。

图2-31、图2-32、图2-33　藏珑广告《远见系列》

点评：杰出人物用他们智慧的远见改变了世界，藏珑用建造生活的远见引领着长沙的房地产格局。

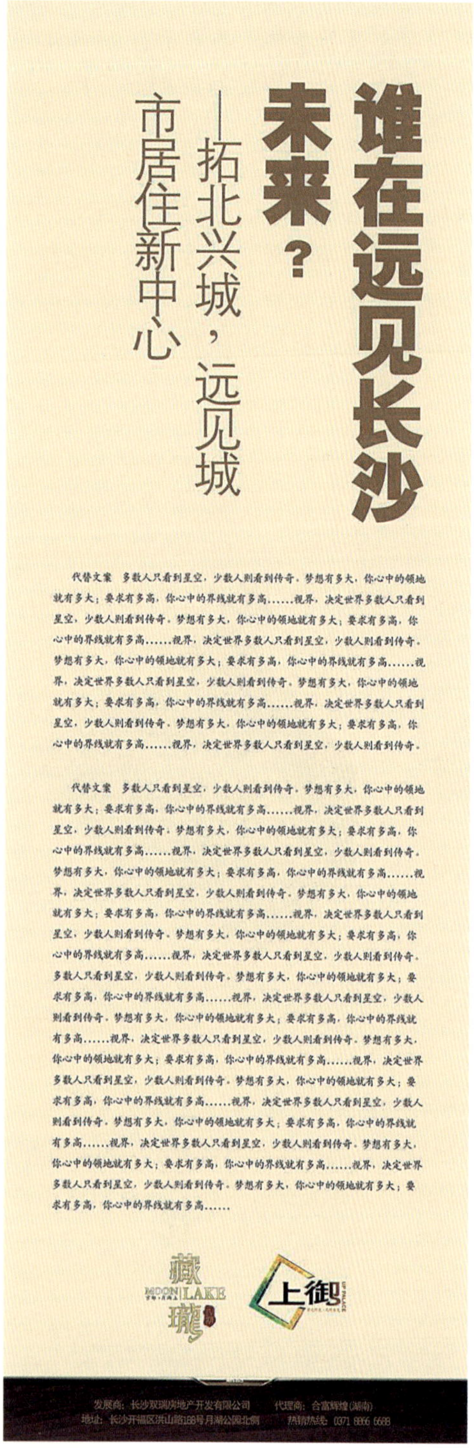

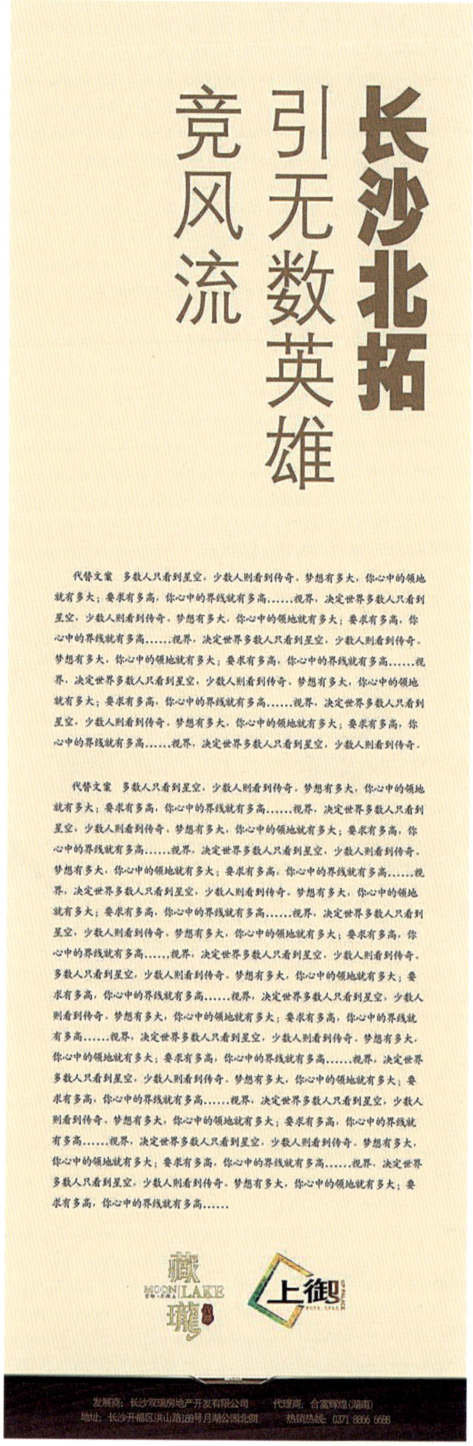

图2-34、图2-35 藏珑地产广告 以标题文案迅速吸引消费者眼球

三、教学案例

广州体育彩票公益活动策划案例

广州工程技术职业学院艺术与设计学院

时间：2012年

（一）队伍介绍

1. 队伍名称：蚂蚁特工队
2. 指导老师：吴颖露老师、韩煜老师
3. 队伍成员：谭清云、邱彦壹、谭世学、李峻岳
   林梓杨、黄倩怡、梁炜欣、朱媛媛
4. 队伍简介：我们现在是大二广告专业的学生。我们是“90后”，但我们并不堕落，也不脑残，我们只不过是张扬个性，追求疯狂。我们也是有梦想的一代，我们也想世界因为我们而有一点点的不一样！

（二）背景主题

1. 活动背景：体育彩票的公益金用于落实全民健身计划和奥运争光计划，以及体育场馆的维修、设备更新和体育扶贫工作；省、区、市体委分配的公益金专项用于落实奥运争光计划和全民健身计划；地、市、县体委分配的公益金用于落实全民健身计划。
2. 活动目标：宣传广州公益体育彩票事业。
3. 活动意义：推广广州体育彩票。
4. 活动地点：广州市天河区长兴高德汇广场
5. 活动时间：2012年12月15日

（三）调查分析

潜在消费者分析：调查表显示有将近43%的市民是没有购买过彩票的，并且有将近53%的市民不支持家人或朋友购买体育彩票。其主要原因是由于市民不了解体育彩票机构是一个公益机构，也不知道购买体育彩票对支持体育事业真的有用。因此，我们要在活动中改变这部分市民心中的这种想法，把体彩与公益紧密地联系在一起，从而接受并购买彩票。

（四）策划方案

1. 主题：星星点灯，竞技同心
2. 主题语：运动场上，我们都一样
3. 出发点：当今社会经济高速发展，改革开放以来，中国取得了举世瞩目的成就。然而，随着经济的高速增长，中国也出现了严重的贫富差距问题。“弱势群体”在社会中的地位低下，被边缘化，受到社会的排斥，散落在都市的边缘游走。要使社会得到全面发展，必先解决弱势群体问题。而体育彩票便是有效的载体。通过发行体育彩票，筹集公益善款，投放到体育事业的发展建设以及体育扶贫工作中，大力推进全民健身，为全社会提供有效的运动设施，并且能有效促进社会扶贫工作的落实执行，竭力帮助社会弱势群体，平衡社会分化，为居民生活增添光彩。

4. 目的：

（1）通过发行体育彩票筹集公益款项，为体育事业的发展建设筹集更多资金支持，为体育馆的设备设施维修更新提供经济支撑。

（2）帮助完善社区体育设施的建设，促进落实全民健身计划和奥运争光计划。

（3）有效促进体育扶贫工作的落实执行，极力帮助社会贫困艰难群体，扶助弱势，改善社会分化现状。

（4）树立体育彩票在社会的地位，提升体育彩票自身的声誉度，提高居民对体育彩票的评价和信心，使体育彩票在居民心中树立良好形象和高尚地位。

（5）活动流程：

1）活动名称：沿着奔向梦想的轨迹

2）活动对象：孤儿院中的小朋友、普通居民

3）活动形式：运动会

4）活动过程：

①开幕式：居民和孤儿院的小朋友共同参与“梦想的轨迹”开幕仪式，携手点燃星形的火圈，象

征梦想的轨迹灿烂绽放，前途无限。

②运动会：所有参加运动会的选手分为两支队伍进行体育比赛，各组成员包括居民和来自孤儿院的孤儿，公平分组，避免了孤儿院小孩自卑感以及普通小孩优越感的产生。比赛过程中设置多种形式的趣味合作性体育运动，如跳大绳、仙人指路、纸杯传水、篮球接力，通过积分榜的形式记录得分，胜出队伍的每位成员将得到一份此次活动中的纪念小礼品，增加各队竞争的激烈性。

③募捐及义卖：运动会比赛结束后，进行募捐环节，呼吁到场参与活动的市民踊跃捐款，以筹集更多善款。并且将当天售出的体育彩票的收入全额捐赠给孤儿院进行体育设施的建设及维修，而市民也可以在以后到孤儿院进行参观以及慰问孤儿。

④全程宣传展示：在非比赛场地搭建划分出宣传区域，搭建展棚，展示体育彩票历年以来所参与和举办的公益活动。播放体育彩票在进行一系列的公益活动时的记录视频。同时，展示出当天参与活动的孤儿院的资料或是相关的照片。通过宣传展示，加深市民对本次活动的印象，感受到活动的真实性和意义，对体育彩票一直致力于公益事业发展这一事实有了更深刻的了解，增强活动的影响力和成效。

（五）活动工作

1. 前期准备工作

①邀请孤儿院的孤儿参加并拍摄孤儿院相关的短片；

②负责准备比赛活动中所需要的道具，如：纸杯、篮球；

③共同制作星星形状的火圈；

④收集展棚中所需要展出的相关资料；

⑤在网上加大此次活动宣传力度，同时粘贴宣传海报，招募居民报名参加。

2. 后期工作

①场地清理；

②组织孤儿院的嘉宾回到孤儿院。

3. 活动突发事件准备工作

①灭火器的准备，避免火圈引发火灾事故；

②现场工作人员的疏通，避免拥挤。

图2-36、图2-37 体育彩票

附录：体育彩票调查问卷

性别：男　　女

1. 你是否购买过体育彩票？　　（　　）
A. 购买过　　B. 没有购买过

2. 你的年龄多大？　　（　　）
A. 20岁以下　　B. 21~29岁　　C. 30~40岁　　D. 40岁以上

3. 你一个星期愿意花多少钱买彩票？（　　）
A. 2~10元　　B. 12~50元　　C. 52~100元　　D. 100元以上

4. 买的是什么种类的彩票？

5. 你是抱着什么样的心态购买彩票的？　（　　）
A. 有奖幸运、没奖奉献　　B. 赌博碰运气
C. 消遣娱乐　　D. 奉献公益

6. 请问你对体育彩票机构的了解？　（　　）
A. 不了解　　B. 为发展体育事业的公益机构
C. 营利机构　　D. 其他

7. 你是否支持家人或朋友购买体育彩票？　（　　）
A. 支持　　B. 不支持

8. 你觉得购买体育彩票对支持体育事业真的有用吗？（　　）
A. 有用　　B. 没用　　C. 不清楚

9. 在你朋友圈子之中参与体育彩票的人数有多少？（　　）
A. 没有　　B. 较少　　C. 很多

10. 您会经常更换彩票的种类吗？（　　）
A. 经常更换　　B. 基本不更换　　C. 偶尔更换　　D. 视情况而定

11. 你有兴趣参加商场的公益活动吗？（　　）
A. 没兴趣（请问为什么？）
B. 有兴趣（参看第10题选项回答）

12. 你最希望在活动中出现的要素是什么？（　　）
A. 观众互动　　B. 活动小礼品　　C. 舞台表演　　D. 其他

图2-38、图2-39、图2-40
设计：张坚鹏、杨伊 / 2010

四、知识点

在对市场的研究分析中，我们已经意识到了广告在整个市场营销中，担负着自己特别的任务，对于广告策划运作而言，如何有针对性地形成一个广告战略和策略，以保证整个广告策划运作有机地运行，就必须要确定自己的任务，了解战略和策略的基本内涵和要求。

（一）广告战略的概念和类型

1. 广告战略的概念

“战略”最初指的是军事战略，只用在军事领域。其本义是对战争的整体性、长远性、基本性谋划。对战争的谋划有两种：一种是局部性、短期性、具体性的谋划，称为战术；另一种是整体性、长远性、基本性的谋划，称为战略。广告战略指的是广告发布者在宏观上对广告决策的把握，它是以战略性眼光为企业及品牌的长远利益考虑，是广告活动中的指导思想和总体方案。广告战略规划是对整个广告活动的指导思想和总体方案的运筹谋划。

迈克尔·波特论述过，战略就是创建一个价值独特的定位。特劳特则进一步明确，战略是指企业如何在顾客心智中建立差异化定位，并由此来引领企业内部的运营。

想要成功就要找到正确的战略。

这是因为，战略是一致性的经营方向。战略决定产品规划，战略指导企业如何进行内外的沟通，战略引导组织工作的重心。对战略的实质越了解，找对正确战略的能力就越强，同时更容易避免在竞争激烈的环境中遇到的大麻烦。

为此，我们给出的广告战略的定义是：广告战略就是让你的企业和产品与众不同，形成核心竞争力。对受众而言，即是鲜明地建立品牌。

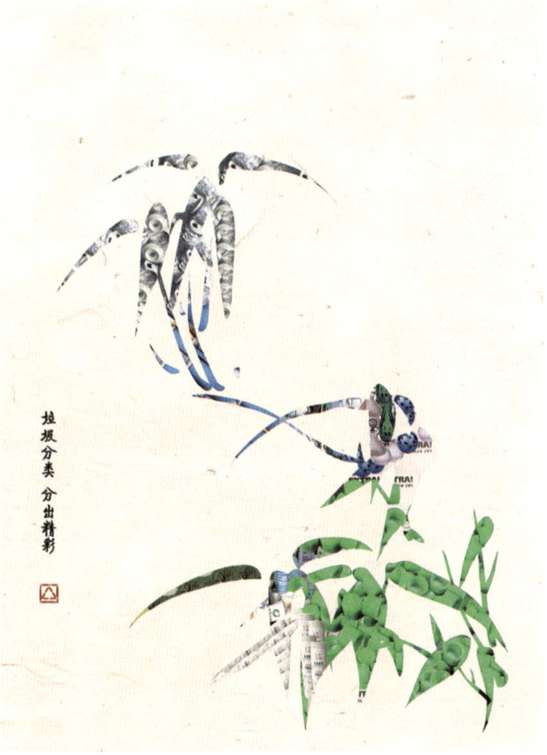

图2-41 竹子篇 / 设计：黄文静 李冰婵 颜丹槟 / 指导：李志红 / 2010

图2-42 鱼篇 / 设计：黄文静 李冰婵 颜丹槟 / 指导：李志红 / 2010

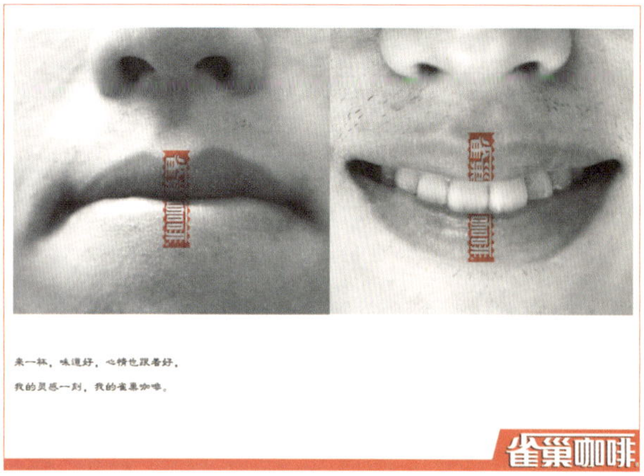

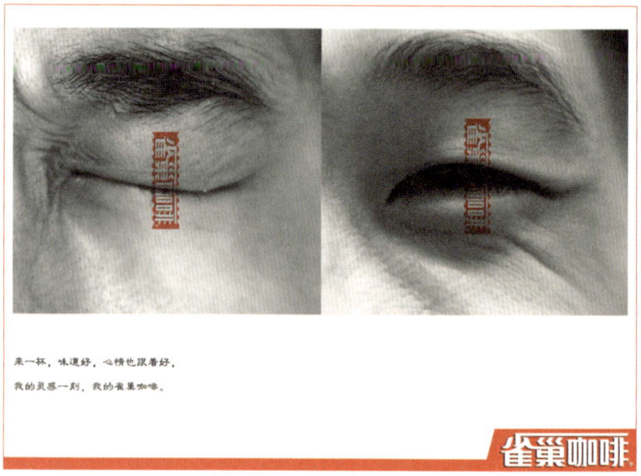

图2-43、图2-44　设计：刘裕航
第四届全国大学生广告节广东赛区及全国——优秀奖 / 1995

2. 广告战略的基本类型

广告战略按其不同的广告内容、不同的广告地区和不同的广告时间，可以分为不同的类型。其中，常见的有以下三种划分方式。

（1）按广告内容划分

按广告的内容划分，广告战略可以分为企业广告战略和产品广告战略。

1）企业广告战略

企业广告是为了提高企业知名度，树立企业形象，宣传企业信誉的广告。一般说来，企业广告战略的重点不是直接宣传其产品，而是通过对企业的规模、业绩历史、经济实力、精神面貌等特点的介绍，增强消费者对企业的好感和信任，在消费者心目中树立企业的良好形象，从而对产品的销售起到间接的推动作用。如某一厂家，在广告宣传中并不直接推销自己的产品，而是着力渲染本厂的奋斗目标不是利润，而是为了社会的进步和人类的幸福，从而树立良好的形象。

2）产品广告战略

产品广告是以推销产品为目的，向消费者提供产品信息，劝说消费者购买其产品的广告。一般说来，产品广告战略的重点是宣传该产品独有的特点，以及给消费者带来的独特利益。如产品创新，宣传产品体现了时代潮流；产品独特，宣传产品的奇异功效；产品价低，宣传产品的价廉物美，等等。总之，根据产品自身的特点，制定相应的广告战略。

（2）按市场规模划分

按广告的目标市场规模划分，广告战略可以分为特定市场广告战略和全球市场广告战略。

1）特定市场广告战略

特定市场广告是指对某一国家、地区或区域所作的广告。特定市场广告战略是根据特定市场情况，对广告活动所作的统筹谋划。广告宣传应该注意不同市场的不同特点，根据不同特点，制定相应的广告战略。如电视机广告，在经济发达地区，可以着重宣传其功能齐全，款式新潮；而在经济欠发达地区，则应当突出它的物美价廉，经久耐用。

2）全球市场广告战略

全球市场广告是指以国际市场作为目标市场的广告。全球市场广告战略是以世界市场为目标，对广告活动所作的全局性的统筹策划。一般说来，全球市场广告战略谋划深远，考虑全面，注重广告口号、广告风格、表现手法的一致性，以期在世界范围内形成一个统一、强大的形象。如美国可口可乐公司生产的可口可乐，统一配方，统一口味，统一规格瓶装，统一广告宣传，表现出广告战略的宏观性和深远性。

（3）按期限长短划分

按广告期限的长短划分，广告战略可以分为长期广告战略、中期广告战略和短期广告战略。

1）长期广告战略

长期广告是指为期两年以上所实施的广告。长期广告战略是指对广告内容所作的两年以上的广告宣传活动的谋划。一般说来，长期广告战略不但要开拓市场、打开销路，而且还要打造产品较高的知名度，树立企业形象。因而，长期广告战略要注重全局性、系统性和深远性，要强调广告目标的一致性与连贯性。

2）中期广告战略

中期广告，也称年度广告，是指为期一年所实施的广告。中期广告战略是指对广告内容作为期一年的广告宣传活动的谋划。一般说来，中期广告战略通常作用于时间性、季节性不强的产品。一方面，要注意产品的实际销售效果，同时也应兼顾品牌的知名度。

3）短期广告战略

短期广告是一年内按季度、月份或临时所实施的广告。短期广告战略是指在有限的市场上，较短的时期内推销某一具体产品所进行的广告谋划。一般说来，短期广告战略适用于新产品或时令性较强的产品，在投入市场之际，采取突击性的广告攻势，便于在短时间内集中优势，迅速造成声势，以迅速达到促销效果。

（二）广告战略的特征和目标

1. 广告战略的特征

广告战略是对一定时期内广告活动总体规划的决策，是广告活动的全盘指导。因而，广告战略具有全局性、方向性、对抗性、可行性、长期性等特征。

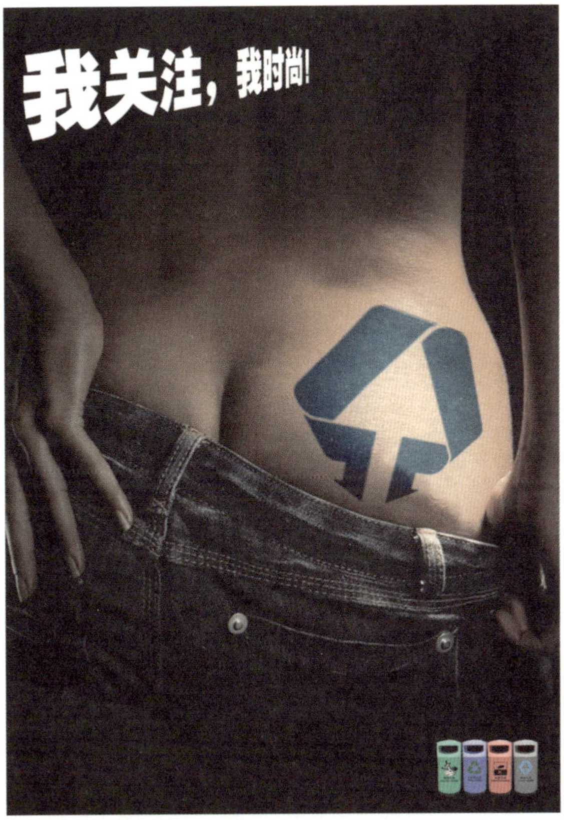

图2-45、图2-46　时尚篇 / 设计：陈立雄 蔡盛宁 黄伟焕 / 指导：李志红 / 2011

图2-47、图2-48 设计：苏少明 / 指导：李志红 / 2011

（1）全局性

作为广告活动纲领性的规划，广告战略事关全局，对于整个广告策划过程都具有全局性的指导作用。一般说来，广告战略的全局性主要体现在两个方面。

第一，对企业营销战略的兼顾。企业营销战略是企业在经营思想指导下，通过对企业外部环境、内部条件的分析，确定市场营销目标，对企业营销诸要素进行最佳组合，并制定出实现这些目标的长期的、系统的、全局的谋划。广告战略的制定必须服从于企业营销战略。

第二，对广告活动全局的统筹。广告战略作为对广告活动的整体规划和总体设计，本身就是一项系统工程。它统率广告指导思想、广告重点、广告目标和广告策略等广告活动的全部环节。因而，广告战略的决策必须着眼于广告活动全部环节。

（2）方向性

方向性是指在广告策划的整个活动中着重解决主要矛盾，以保证广告目的、广告目标的顺利实现。广告战略从最高角度出发，不是研究具体工作，而是研究具有方向性、指导性的谋略。广告战略目标是广告战略的核心内容。广告战略的决策和实施都是为了达到广告战略目标。因而，广告战略的制定应该围绕广告战略目标这一中心。一般说来，广告战略的目标性主要体现在以下两个方面。

第一，企业营销目标。营销目标是指企业在战略思想指导下，在战略时期内企业全部市场营销活动所要达到的总体要求。它主要包括：市场开拓目标，利润目标，销售增长率目标和市场占有率目标。而广告活动作为企业营销组合的一种重要的促销手段和组成部分，必须顾及企业营销目标。

第二，广告战略目标。广告战略目标则是广告活动所要达到的预期目标，它包括促进产品销售，扩大产品和企业的知名度。广告战略的决策和策略谋划，都必须是为了实现广告的战略目标。

（3）对抗性

对抗性、差异化是谋求解决整个广告活动的指导思想。广告活动是商品经济的产物，商品经济的显著特征之一就是竞争。就国内市场而言，企业的外部环境就是一个具有竞争性的社会经济环境。同时，企业营销还受国际大环境的影响，有的企业还要直接参与国际市场的竞争。作为市场竞争产物的广告活动，在广告战略的制定中，谋求竞争的差异化，必须考虑到企业之间、产品之间、市场营销等方面的竞争因素，适应竞争的需要。

（4）可行性

广告战略是对整个广告活动过程的统筹和谋划，对广告过程中的各个具体环节都有指导意义。在广告策划过程中，不论是信息创作，还是经费预算；不论是媒体选择，还是广告发布，都是操作性、实践性极强的工作环节。因而，广告战略既是对广告活动的宏观指导，也要注意广告的具体实施。既要重视战略规划的深远性，也要考虑到实施的可行性。

（5）长期性

广告战略是在市场调查的基础上经过分析研究制定的，对整个广告活动的各个环节具有牵一发而动全身的统筹作用，在一定时期内具有相对的稳定性。当然，随着各种条件和环境的变化，广告战略应具有随机应变的适应性。但在一般情况下，没有非常充分的理由和迫不得已的原因，不应随意改变广告战略。

图2-49、图2-50　富隆酒业——品牌形象广告／广州佳纳广告有限公司／2010

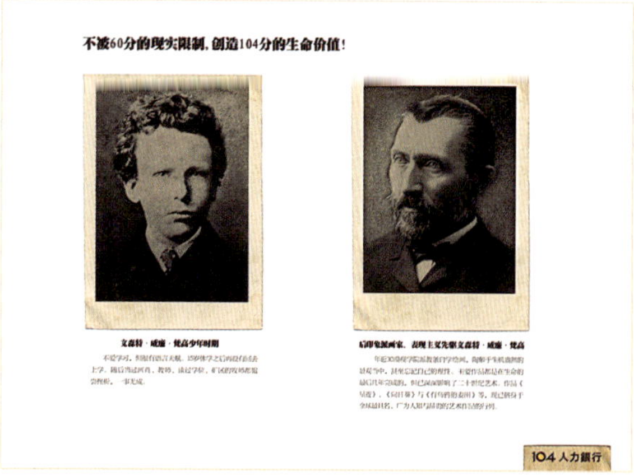

图2-51、图2-52　104人力银行　设计：刘嘉慧 / 指导：吴颖露 / 第二十届时报金犊奖——优秀奖 / 2011

2. 广告战略的目标

（1）广告战略的目标是广告战略的核心

在整个营销活动中，广告充当着营销沟通的角色，它的任务是：创造消费者对产品的认识，改变消费者的态度，或者是让品牌在消费者心中留下印象。按照这种具体任务所确定的目标就是广告运动所希望达到的目标，所以也叫广告目标。

广告战略目标是广告活动所要达到的预期目标，作为广告活动的总体要求，广告目标规定着广告活动的总任务，决定着广告活动的行动和发展方向。

表面上看，建立广告目标似乎并不难，但在实际操作中，由于市场状况复杂，各种品牌需求不同，以及广告主的愿望模糊或者对广告运作期望过高等，使广告目标的建立往往很复杂。在许多企业的经营规划中，有时并没有明确广告的地位，也不注意将广告与整个营销协调。有的广告主也明白要做广告，但对广告到底该承担什么任务却不明白。在广告运作中，广告目标的确立深刻地影响着广告活动的发展方向，广告活动中的各种有形因素，如采用什么样的策略，使用哪一些媒体，如何把促销活动整合到广告计划中，需要多少预算，甚至是衡量广告运作的效果等，都要在广告目标的统摄下完成。

（2）广告战略目标的分类

按内容可以分为：产品销售目标、企业形象目标、信息传播目标。

1）产品销售目标：是以产品销售为中心的广告目标；

2）企业形象目标：是以塑造企业形象为直接目的的广告目标；

3）信息传播目标：是以信息为中心的广告目标，以信息有效传达给受众为满足。

（三）广告战略的内容和程序

1. 为什么——确定广告战略指导思想

为什么做广告是对开展广告活动意义的认识；对广告预期达到的效果心中有数，关键是确定广告战略指导思想。

（1）积极进取的观念

这种战略观念对广告的作用相当重视。思想和行为积极进取，战略目标是扩张型的，战略姿态是进攻型的，对市场环境的变化反应敏捷。企业在市场上尚未占据领导地位，处于二三流，却具有较强的竞争实力；对领导者发起攻击，主动争取市场领导者的地位；推广新产品或开

图2-53　104人力银行　设计：刘嘉慧 / 指导：吴颖露 / 第二十届时报金犊奖优秀奖 / 2011

拓新市场。例如："立白"洗衣粉，排名于"雕牌"和"奇强"之后，更远远不及"宝洁"等合资品牌，但在降价潮中，它不但不降价，还要提价，并加大广告投放，比前三年投入的总和还多，仅广东省，"立白"一个月的广告投放量为五六千万元，连续投放了半年，市场份额提升了十几个百分点。"宝洁"的广告创意虽然平平，但是完整、一致、连续。而"立白"不能这么做，唯以杰出的创意，突破营销难关，在激烈的市场竞争中割得一块地盘。

（2）高效集中的观念
重视广告近期效益，以集中的广告投放和大规模的广告宣传在某一市场或某一段时间内形成绝对的广告竞争优势，以求短期内集中有效。经济实力越强的企业，面临的风险也越大，对广告战略策划的质量要求也越高。例如，2001年前半年"海王"广告央视投放策略。这是一次成功的大规模广告投放，它不像"秦池"、"哈药"和"脑白金"的广告投放。原因在于叶茂中高质的广告战略策划。

（3）长期渗透观念
重视广告长期效益。市场竞争比较激烈，产品的生命周期较长，广告及时有效很难，只能逐步增强企业在目标市场上的竞争优势。

（4）稳健持重的观念
对广告的作用比较重视，但在思想行为上比较谨慎，不轻易改变方针。维持现有地位和既得利益，很少有进一步扩张的要求，防御竞争者的进攻。适用于已处于领导地位，和一时无能力开展积极竞争的企业。

（5）消极保守的观念
对广告的作用不很重视，在思想和行为上比较

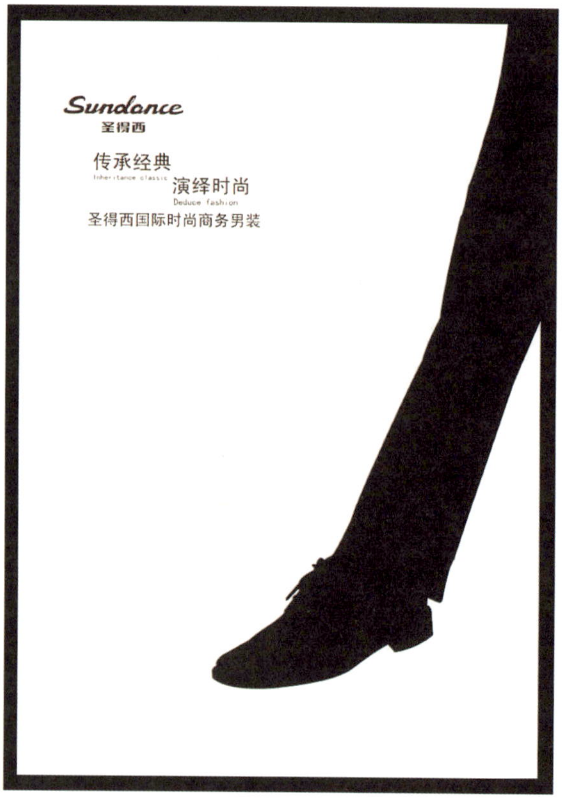

图2-54 圣得西男装广告 / 设计：张汝斌

消极被动，广告的主要目标在于推销产品成本。在产品畅销时就停止广告。也有的是由于缺少市场营销意识导致。

2．怎么样——分析环境
内外环境分析：包括对产品和企业的内部环境分析与市场、消费者、竞争对手等外部环境分析。

3．说什么——确定广告战略任务
对谁说，说什么，说得好不好。涉及广告内容、广告目标受众、广告效果等项任务。

（1）广告内容
与广告运作中各项具体操作策略所不同的是，广告战略所强调的是富有创造性地针对目标市场，通过有侧重的广告宣传内容，确实有效地解决问题的信息传播和促销沟通模式。广告战略简而言之，就是要解决我们通常所说的广告要为某一品牌“说什么”这一根本问题。

广告运作是一项系统而复杂的工作，尤其是广告创意这一环节，在广告策划过程中往往是由少数人甚至是某一个人独立完成。作为广告运作中最具魅力和创造性火花的一个环节，广告创意是把广告策略加以创造性表现的一种方式，因此多年以来在广告策划中不知不觉地形成了一种以创意为核心的习惯。许多广告公司和广告运作人员在操作中不是把大量的精力放在对广告战略的研究上，而是迷信创意火花，在表现技巧上煞费苦心，这其实是一种偏差。

魏特·哈布斯在《文案策略》中述及将策略变成广告时讲，失去了策略指导，单纯依靠创意人员也可以产生看得过去的广告，“但完全依赖他们自己的花样，则他们永远不会作出那已付诸执行及发生效果的策划运动”。广告策划是一个完整的战略性运作，具体创意只是贯彻这一战略的一个环节，二者之间的关系其实就是“说什么”与“怎样说”之间的关系，首先要关注的是“说什么”而不是“怎样说”。那种把具体创意视为广告运作核心的运作模式，是一种误区，创意只是技巧，它完善策略但并不是策略本身，过于迷信创意其结果只能是如同阿尔夫来德·波立兹在《创作广告的窘境》中所讲的，只能“依赖使用欺骗、噱头及各种花样以款待、惊吓、幽默他自己、他聪明的朋友以及他的客户。其重点也由目标转化为方法——从广告应该说什么转化为广告应该怎样说了。”这实在是一种不幸。

（2）广告目标受众
一般而言，广告战略代表了广告运作总的思路，它建立在市场分析和对广告目标的确认之上。舒尔茨教授对这一概念所作的定义是：广告战略系指利益、解决难题或其他的产品优势，包括有形的或心理上的，这些就是利益或广告的一般概念或经由广告讯息所给购买者的利益承诺。这个表述多少有些拗口，我们将其内容归结在两个层次之上，第一个层次就是广告策略要明确判别广告策划所要解决的核心问题之所在，而这个问题并非是销售上的关键障碍，而是为了完成销售指向所形成的沟通的关节点，包括给予消费者什么样的利益承诺，以及消费者得到这些利益承诺必须克服的障碍及克服方式等；第二个层次对这些作为沟通关节点的利益承诺所形成的有针对性的讯息模式，以及解决问题的方向。广告战略是广告策划的原则指导，所以在陈述上要求概括、明确、简洁，要有定性化说明。可以说，广告策划在进入到核心性运作的每一个阶段，都是广告战略的展开。没有广告战略就无法发展创意策略。我们常看到一些广告创意人员绞尽脑汁找不到巧妙创意，大叹创意的艰辛，其实创意的艰辛不在于表达手法的推敲，而在于对广告战略的完整准确的把握和传达。创意人员往往不知从何入手或者是太多想法不知如何选择，或是由于不明确广告战略或对广告战略理解不深，以致陷入茫然无绪之中。同样，媒介策略的实施也受到了广告战略的指导，并不是所有媒介都适合所要传达的问题，必然要有所选择。

（3）广告效果

曾经有一个生产白酒企业的广告负责人，他的白酒销售及消费对象是酒店中的顾客，其广告创意也是很有针对性的诉求，为了强化广告效果，他把电视广告时间全部安排在晚上19：00左右的黄金时间了，当他兴冲冲地讲述自己的媒介策略时，我们立刻意识到他犯了一个错误：他所要广告的那些对象在这个时间大都在酒店中，无论是

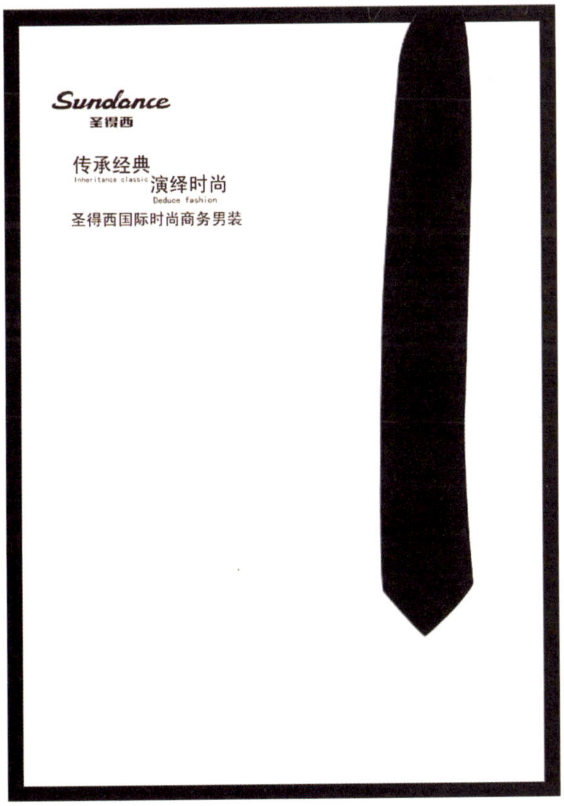

图2-55、图2-56　圣得西男装广告 / 设计：张汝斌 / 指导：吴颖露 / 第四届全国大学生广告节广东赛区三等奖、全国优秀奖 / 1995

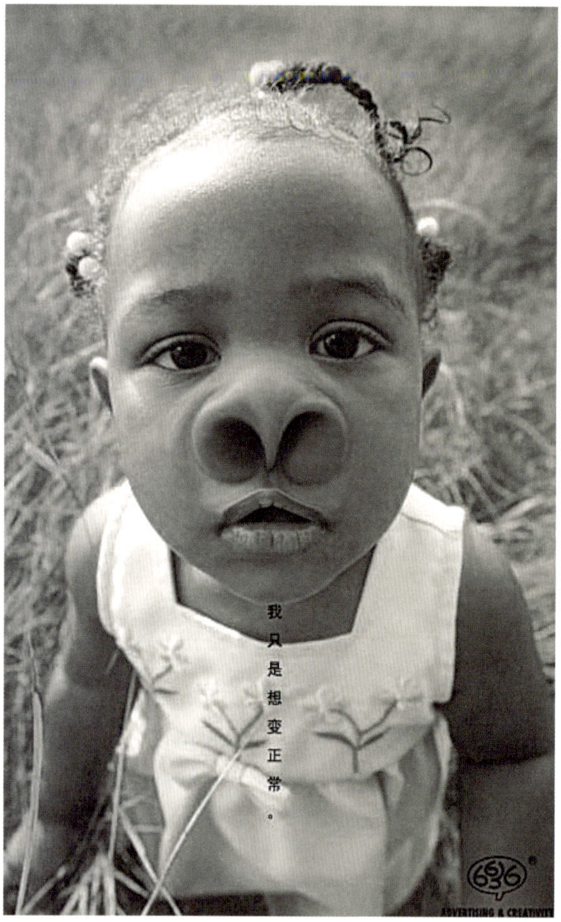

图2-57　大鼻子系列 / 设计：黄继柱 / 指导：吴颖露

食客还是服务生。所以说，广告战略在广告运作中，贯彻始终，它规划各项具体策略，在指导具体策略的同时，也限制了具体策略。

4. 如何做——制定职能战略

（1）市场战略；

（2）产品战略；

（3）广告媒体战略；

（4）广告表现战略；

（5）广告创意战略。

（四）广告策略的概念与分类

1. 广告策略的概念

广告策略是实现、实施广告战略的各种具体手段与方法，是战略的细分与措施。

2. 广告策略的分类

常见的广告策略有四大类：市场策略、产品策略、媒介策略和广告实施策略。

（1）市场策略

广告的市场策略主要包括三个具体策略：目标市场定位策略、广告促销策略和广告心理策略。

1）目标市场定位策略

所谓目标市场定位策略，就是企业为自己的产品选定一定的范围和目标、满足一部分人的需要的方法。任何企业，无论其规模如何，都不可能满足所有顾客的整体要求，而只能为自己的产品销售选定一个或几个目标市场，这就是所谓的市场定位。企业的目标市场定位不同，销售策略不同，广告策略也不一样。目标市场是广告宣传有计划地向指定市场进行传播活动的对象。因此，在制定广告策略时，必须依据企业的目标市场的特点，来规定广告对象、广告目标、媒介选择、诉求重点和诉求方式等。

企业选择目标市场是在细分市场的基础上进行的，商品市场按消费者的需求和满足程度来分，有同质市场与异质市场两类。同质市场是指消费者对商品的需求有较多共性、消费弹性小、受广告影响不大的商品市场。一些生活必需品就是属于这一类型。异质市场则与同质市场相反，它是指顾客对同类产品的品质和特性具有不同的要求、强调商品的个性、消费弹性较大、受广告的影响也较多的商品市场。绝大多数商品市场都属于异质市场。在满足消费者需求时，不仅要考虑其生理上的需要，还要考虑其心理上的需要。生理上的需要有一定的限度，心理上的需要则是变幻莫测的。因此，在同类商品总市场上，企业可以依据消费者生理上和心理上的需求，以及企业自身的经营条件，将市场细分成许多子市场，然后再依据目标市场的特点，制定企业的营销策略，并采取相应的广告策略。

由于市场可以细分，在市场经营和广告宣传中就可以运用不同的策略手段，争取不同的消费者。依据市场来制定销售策略，一般可分为无差别市场策略、差别市场策略和集中市场策略三大类。针对不同的情况，广告策略也采取相应的形式：无差别市场广告策略、差别市场广告策略和集中市场广告策略。

①无差别市场广告策略：是指在一定时间内，针对同一个大的目标市场运用各种媒介搭配组合，做同一主题内容的广告宣传。这种策略一般应用在产品引入期与成长期初期，或产品供不应求、市场上没有竞争对手或竞争不激烈的时期，是一种经常采用的广告策略。它有利于运用各种媒介宣传统一的广告内容，迅速提高产品的知名度，以达到创牌目的。

②差别广告市场策略：是指企业在一定时期内，针对细分的目标市场，运用不同的媒介组合，做不同内容的广告宣传。这种策略能够较好地满足不同消费者的需求，有利于企业提高产品的知名度，突出产品的优异性能，增强消费者对企业的信任感，从而达到扩大销售的目的。这是在产品进入成长期后期和成熟期后常用的广告策略。这时，产品竞争激烈，市场需求分化较突出。由于市场分化，各目标市场各具不同的特点，所以广告设计、主题构思、媒介组合、广告发布等也都各不相同。

③集中市场广告策略：是指企业把广告宣传的力量集中在已细分的市场中一个或几个目标市场的策略。此时，企业的目标并不是在较大的市场中占有小的份额，而是在较小的

图2-58、图2-59　大鼻子系列 / 设计：黄继柱 / 指导：吴颖露

图2-60 广东省广告股份有限公司 / 第十四届广东省广告节金奖

细分市场中占有较大的份额。因此，广告也只集中在一个或几个目标市场上。采取集中市场策略的企业，一般是本身资源有限的中小型企业，为了发挥优势，集中力量，只挑选对自己有利的、力所能及的较小市场作为目标市场。

这三种策略既可独立运用，也可综合利用，灵活掌握，主要视企业的基本情况而定。

2）广告促销策略

广告促销策略是一种紧密结合市场营销而采取的广告策略，它不仅告知消费者购买商品的获益，以说服其购买，而且结合市场营销的其他手段，给予消费者更多的附加利益，以吸引消费者对广告的兴趣，在短期内收到即效性广告效果，有力地推动商品销售。广告促销策略，包括馈赠、文娱、中奖、公益等促销手段的运用。

①馈赠广告是一种奖励性广告，其形式很多，如广告赠券等。食品、饮料和日用品的报刊广告多用此法。优待方法多半采用折价购买或附赠小件物品。这个办法既可以扩大销售，又可检测广告的阅读率。除广告赠券外，广告与商品样品赠送配合也是一种介绍商品的有效方法，但费用很高。

②文娱广告也是广告促销的常用策略，如出资赞助文艺节目和电视剧、广播剧的制作等。此外，如猜谜、有奖征答等，也是广告的有效形式。

③中奖广告是一种抽奖中奖形式的广告推销手段，在国外很流行，也具有一定的效果。

④公益广告是把公益活动和广告活动结合起来的广告策略。通过关心公益、关心公共关系，开展社会服务活动，争取民心，树立企业形象，从而增强广告的效果。能给人一种企业利润取之于社会、用之于社会的好感。

3）广告心理策略

广告的作用与人们的心理活动密切相关，而广告的促销心理策略，则是运用心理学的原理来策划广告，诱导人们顺利地完成消费心理过程，使广告取得成功。过程如下：①诉诸感觉，唤起注意；②赋予特色，激发兴趣；③确立信念，刺激欲望；④创造印象，加强记忆；⑤坚定信心，付诸行动。

广告活动中常用的心理学原理有需要、注意、联想、记忆、诉求等。

①需要是人们进行实践活动的原动力。人们之所以购买这种商品，而不购买别的商品，就是由于这种商品能够满足他们的某种需要。广告的促销活动不但要告诉人们有关商品的知识，而且要说明这种商品是符合他们的需要的。当人们认识到这种商品对于他们的价值，即符合他们的某种需要时，他们才会购买。成功的广告，就是首先掌握了人们的需要，并针对人们的需要确立广告诉求的重点和创作设计广告。

图2-61　广东省广告股份有限公司 / 第十四届广东省广告节金奖

需要是广告诉求定位的主要依据。同是一个商品，它有许多属性，而只有那些最能满足需要的诉求定位才能导致购买行为，使广告获得成功。消费者不仅对商品的使用价值有所要求，而且要求获得心理上的满足。广告要同时掌握人们对商品实用价值和心理价值的需要，才能获得成功。同时，广告还必须能引起需要和刺激需要，通过对潜在需要的激发，使消费者产生物质欲求，并加强其信心，排除障碍，促使购买。这也是我们现在所说的广告指导消费的作用。

②引起人们的注意，是广告成功的基础。广告若不能引起注意，肯定要失败。因为注意是人们接触广告的开端，只有注意了广告，才能谈得上对广告内容的理解。在广告设计中有意识地加强广告的注意作用，是广告的重要心理策略。广告引起人们注意的方法有多种，主要是扩大空间面积，延长广告时间，突出广告色彩，增强广告的艺术化和使广告具有动态感等。

③广告的时间和篇幅都是有限的，仅靠直接印象取得的广告效果也是有限的。只有通过各种手段，激发有益的联想，才能加强刺激的深度和广度。这是有意识地增强广告效果的重要手段。

联想能够使人们扩大和加强对事物的认识，引起对事物的兴趣，使消费者产生愉悦的情绪，对形成购买动机和促成购买行为有重要影响。

在广告中，主要运用接近联想、连续联想、相似联想、对比联想、记忆联想和颜色联想等。

④广告运用记忆原理，使人们在实现购买时能记起广告内容，并起到指导选购的作用。要考虑不同的广告对象的记忆特点来策划广告，要尽可能按需要的、注意的、有趣的、形象的、活动的、联想的、易于理解的和反复的等要求来设计广告，使人容易留下深刻的印象，保持

图2-62、图2-63、图2-64 设计：袁春弟 / 指导：吴颖露 / 2012
第二十一届时报金犊奖
点评：表现智联招聘工作的机会非常好，连唐三藏的三个徒弟也动心了。

图2-65、图2-66、图2-67 汇景新城——发现新亚洲之美系列 / 陆文墩 / 2003

记忆，便于回想。

⑤诉求是指外界事物促使人们从认知到行动的心理活动。广告诉求就是告诉人们有哪些需要，如何去满足，并敦促他们去为满足需要而购买商品。

广告诉求一般有知觉诉求、理性诉求、情感诉求和观念诉求等多种。广告心理策略实质上就是对这些诉求的灵活运用。

（2）产品策略

产品策略主要包括产品定位策略和产品生命周期策略，另外还有新产品开发策略、产品包装和商标形象策略等。

图2–68、图2–69、图2–70 设计：陈凯东 / 指导：吴颖露 / 第二十一届时报金犊奖——优秀奖 / 2012

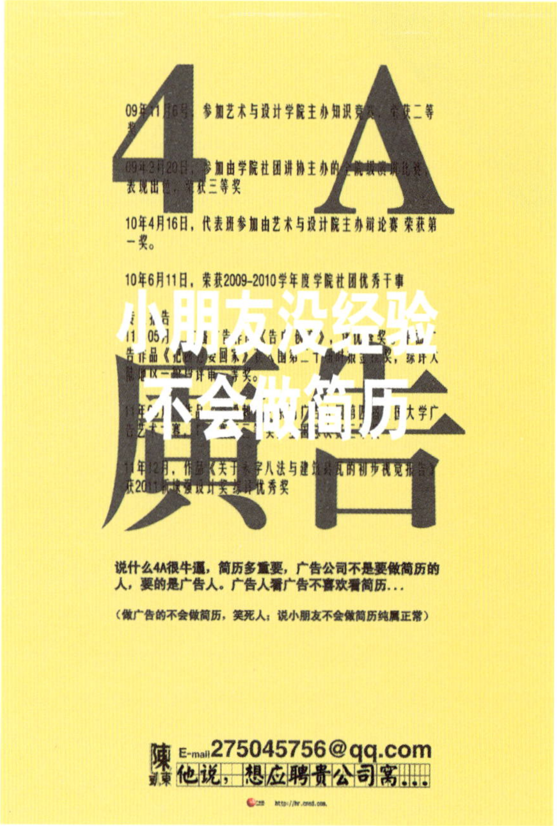

图2-71、图2-72、图2-73　大运会海报设计 / 设计：张坚鹏 / 指导：郭铁

1）产品定位策略

广告产品定位策略的具体运用主要分为两大类：实体定位策略和观念定位策略。

①所谓实体定位策略，就是在广告宣传中突出商品的新价值，强调与同类商品的不同之处和所带来的更大利益。实体定位策略又可分为功效定位、品质定位、市场定位、价格定位等。

a. 功效定位是在广告中突出商品的特异功效，使该商品在同类产品中有明显区别，以增强选择性需求。它是以同类产品的定位为基准、选择有别于同类产品的优异性能为宣传重点的。如美国百事可乐的宣传，就以不含咖啡因为定位基点，以区别于可口可乐。又如，红牌羊绒衫宣传工艺好，蓝牌羊绒衫的宣传就应强调原料的特点。

b. 品质定位是通过强调产品具体的良好品质而对产品进行定位。如美国的多佛（DOVE）香皂，便以滑润皮肤作为广告宣传的重点。

c. 市场定位是市场细分策略在广告中的具体运用，将商品定位在最有利的市场位置上。DOVE香皂被定位为女士香皂，就是这种定位的具体运用。

d. 价格定位则是因商品的品质、性能、造型等方面与同类商品相近似，没有什么特殊的地方可以吸引消费者，在这种情况下，广告宣传便可以运用价格定位策略，使商品的价格具有竞争性，从而击败竞争对手。

②所谓观念定位策略是突出商品的新意义、改变消费者的习惯心理、树立新的商品观念的广告策略。具体有两种方法：逆向定位和是非定位。

a. 逆向定位是借助有名气的竞争对手的声誉来引起消费者对自己的关注、同情和支持，以便在市场竞争中占有一席之地的广告产品定位策略。大多数企业的商品定位都是以突出产品的优异性能的正向定位为方向的，但逆向定位则反其道而行之，在广告中突出市场上名气响亮的产品或企业的优越性，并表示自己的产品不如它好，甘居其下，但准备迎头赶上；或通过承认自己产品的不足之处，来突出产品的优越之处。这是利用社会上同情弱者和信任诚实的人的心理，故意突出自己的不足之处，以唤起同情和信任的手法。

b. 是非定位则是从观念上人为地把商品市场加以区分的定位策略。最有名的例子是美国的七喜（7UP）汽水。他们在广告宣传中运用是非定位策略，把饮料分为可乐型和非可乐型饮料两大类，从而突破可口可乐和百事可乐垄断饮料市场的局面，使企业获得空前成功。广告的产品定位策略，同样可用于企业定位、劳务定位。它是根据企业的营销策略、商品差别化、市场细分化、产品生命周期阶段等状况，确定广告最有利的诉求位置的一种有效策略。该策略应用的好坏，直接影响到广告效果。

2）产品生命周期策略

任何一种产品通常都有生命周期，只是周期长短不同。产品处在不同的生命发展阶段，其工艺成熟程度、消费者的心理需求、市场竞争状况和市场营销策略等，都有不同的特点。因此，广告目标、诉求重点、媒介选择和广告实施策略也有所不同。

在产品的引入期和成长期前期，新产品刚进入市场，产品的品质、功效、造型、结构等都尚未被消费者所认知。在这一阶段里，广告宣传以创牌为目标，目的是使消费者产生新的需要，执行开拓市场的战略。这是广告宣传的初期阶段。在这一阶段，用告知为主作为广告策略，突出新旧产品的差异，向消费者介绍新产品的有关知识，使消费者对新产品有所认识，从而引起兴趣，产生信任感，并大力宣传产品的商标和牌名，不断扩大知名度。其目的在于运用各种与促销相结合的广告手段，促使最先使用者购买，并在带头人的推动下，争取更多的早期使用者逐步过渡到普遍采用。在广告的初期阶段，应该投入较多的广告费，运用各种媒介，配合宣传，造成较大的广告声势，以便使新产品迅速打入市场。

广告的中期阶段，产品进入成长期后期和成熟期。由于新产品获得消费者承认，销售量急剧上升，利润已有保证，同时，同类产品也纷纷投入市场，竞争日益激烈。尤其是在产品进入成熟期后，产品工艺稳定成熟，消费者已形成使用习惯，产品销售达到顶峰，新产品变成普及产品，同类产品竞争激烈。在这一阶段，广告以保牌为目标，巩固已有的市场和扩大市场潜力，展开竞争性广告宣传，引导消费者认牌选购。广告诉求必须具有强有力的说服力，突出本产品同其他品牌同类产品的差异性和优越性，巩固企业和产品的声誉，加深消费者对企业和商品的印象。广告的对象则转化为广大消费者。

在产品进入饱和期和衰退期之后，产品供求日益饱和，原有产品已逐渐变成老产品，新的产品已逐步进入市场。这一时期的广告目标，重点放在维持产品市场上，采用延续市场的手段，保持产品的销售量或延缓销售量的下降。其主要做法是运用广告提醒消费者，以长期、间隔、定时发布广告的方法，及时唤起注意，巩固习惯性购买。诉求重点应该突出产品的售前和售后服务、保持企业荣誉、稳定产品的晚期使用者及保守者。

（3）媒介策略

广告的媒介策略，实质上是根据广告的产品定位策略和市场策略，对广告媒介进行选择和搭配运用的策略。其目的在于以最低的投入取得最大的广告效益。

（4）广告实施策略

广告实施策略主要有广告差别策略、广告系列策略和广告时间策略等。

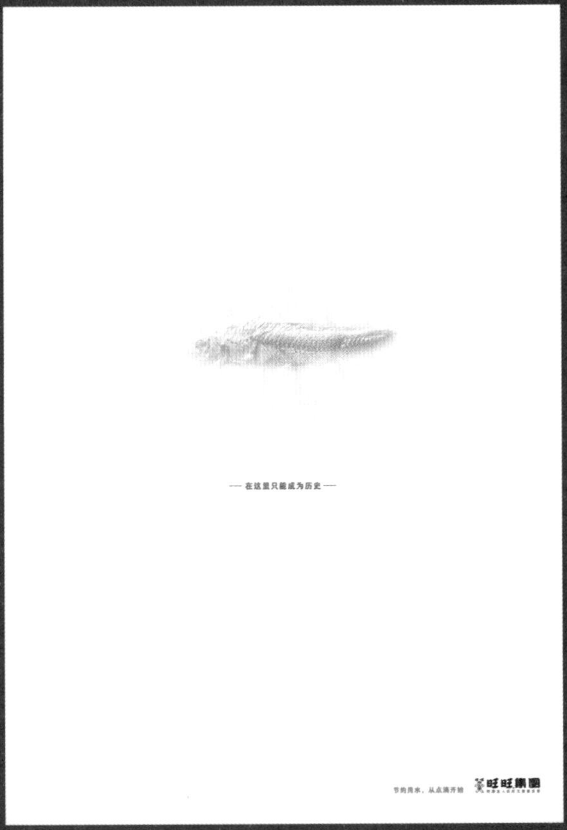

图2-74、图2-75、图2-76　设计：张汝斌、彭丽葱
指导：吴颖露 / 2012 / 第二十一届时报金犊奖
点评：以珍爱水资源、关爱生物、关爱子孙后代为主旨，呼吁人类珍惜水资源、爱护生命。

图2–77　落石篇 / 设计：刘争强

图2–78　雪崩篇 / 设计：刘争强

1）广告差别策略

广告差别策略是以发现差别和突出差别为手段、充分显示广告主企业和产品特点的一种宣传策略，包括产品差别策略、劳务差别策略和企业差别策略三方面内容。

①产品差别广告策略，是突出产品的功能差别、品质差别、价格差别、花色品种差别、包装差别和销售服务差别的广告宣传策略。因为产品的上述差别可以是新旧产品间的差别，也可以是同类产品间的差别，因此，广告的产品差别策略是具有竞争性的。运用广告差别策略时，首先要发现该产品的功效差别，在设计制作广告作品时要突出它的功效差别，给予消费者能够获得某种利益的鲜明印象。

②劳务差别策略的基本原理与产品差别相同，主要是突出和显示同类劳务中的差别性，从而说明本企业的服务能给消费者带来更多的方便与得益。

③企业差别策略包括企业设备差别、技术差别、管理水平差别、服务措施差别和企业环境差别等在内的各项内容。

产品差别策略、劳务差别策略和企业差别策略是在实践中运用较多、效果也较好的差别策略。此外，还有心理差别策略和观念形态差别策略等也较为常用。

2）广告系列策略

广告系列策略是企业在广告计划期内连续地和有计划地发布有统一设计形式或内容的系列广告、不断加深广告印象、增强广告效果的手段。

广告系列策略的运用，主要有形式系列策略、主题系列策略、功效系列策略和产品系列策略等。

①形式系列策略是在一定时期内有计划地发布数则设计形式相同、但内容有所改变的广告策略。由于设计形式相对固定，有利于加深消费者对广告的印象，扩大企业的知名度，便于在众多的广告中分辨出本企业的广告。这种策略的运用，适宜于内容更新快、发布频度大的广告，如旅游广告、文娱广告、交通广告和食品广告等。整体广告很注重这一策略的运用。

②主题系列策略是企业在发布广告时依据每一时期的广告目标市场的特点和市场营销策略的需要、不断变换广告主题、以适应不同的广告对象的心理欲求的策略。

③功效系列策略则是通过多则广告逐步深入强调商品功效的广告策略。这种策略或是运用不同的商品观念来体现商品的多种用途；或是在多则广告中的每一则都强调一种功效，使消费者易于理解和记忆；或者结合市场形式的变化在不同时期突出宣传商品的某一用途，起到立竿见影的促销作用。

④产品系列策略则是为了适应和配合企业系列产品的经营要求而实施的广告策略。产品系列策略密切结合系列产品的营销特点进行，由于系列产品具有种类多、声势大、连带性强的特点，因而在广告中可以灵活运用。

3）广告时间策略

广告时间策略，就是对广告发布的时间和频度作出统一的、合理的安排。广告时间策略的制定，要视广告产品的生命周期阶段、广告的竞争状况、企业的营销策略、市场竞争等多种因素的变化而灵活运用。一般而言，即效性广告要求发布时间集中、时限性强、频度起伏大。迟效性广告则要求广告时间发布均衡、时限从容、频度波动小。广告的时间策略是否运用得当，对广告的效果有很大影响。

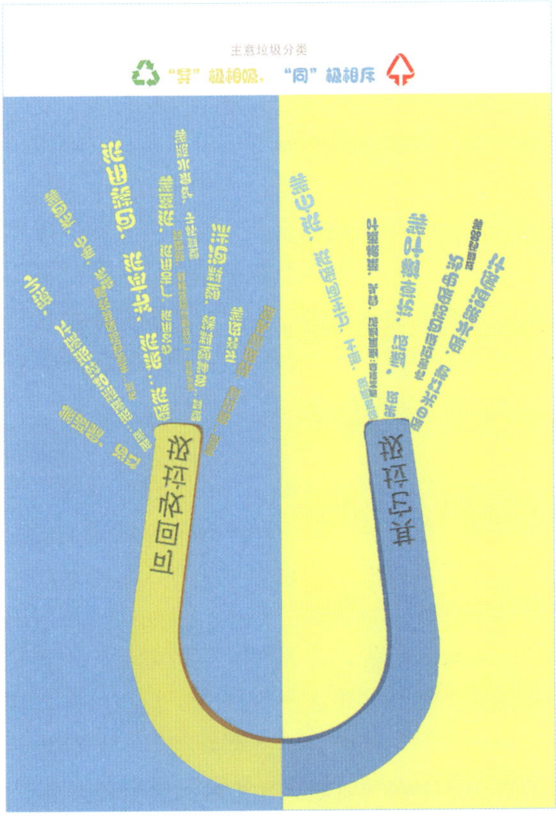

图2-79　异极 / 设计：黄文静 / 指导：李志红 / 2011

图2-80　灯泡 / 设计：彭林涛 / 指导：李志红 / 2011

①广告时间策略在时限运用上主要有集中时间策略、均衡时间策略、季节时间策略、节假日时间策略四种。

a. 集中时间策略，主要是集中力量在短时期内对目标市场进行突击性的广告攻势，其目的在于集中优势，在短时间内迅速造成广告声势，扩大广告的影响，迅速地提高产品或企业的声誉。这种策略适用于新产品投入市场前后，新企业开张前后、流行性商品上市前后，或在广告竞争激烈时刻，以及商品销售量急剧下降的时刻。运用此策略时，一般运用媒介组合方式，掀起广告高潮。

b. 均衡时间策略是有计划地反复对目标市场进行广告的策略，其目的是为了持续地加深消费者对商品或企业的印象，保持显在消费者的记忆，挖掘市场潜力，扩大商品的知名度。在运用均衡广告策略时一定要注意广告表现的变化，不断予人以新鲜感，而不要长期地重复同一广告内容，广告的频度也要疏密有致，不要予人以单调感。

c. 季节时间策略主要用于季节性强的商品，一般在销售旺季到来之前就要开展广告活动，为销售旺季的到来做好信息准备和心理准备。在销售旺季，广告活动达到高峰，而旺季一过，广告便可停止。这类广告策略要求掌握好季节性商品的变化规律。过早开展广告活动，会造成广告费的浪费；而过迟，则会延误时机，直接影响商品销售。

d. 节假日时间策略是零售企业和服务行业常用的广告时间策略。一般在节假日之前数天便开展广告活动，而节假日一到，广告即告停止。这类广告要求有特色，把品种、价格、服务时间以及异乎寻常之处的信息突出地、迅速地和及时地告诉消费者。

②广告的频度是指在一定的广告时期内发布广告的次数，广告时间策略在频度的运用上有固定频度和变动频度两种基本形式。在策略上可根据实际情况需要，交替运用固定频度和变化频度的方法。

a. 固定频度方法是均衡广告时间常用的时间频度策略，其目的在于实现有计划的持续广告效果。固定频度法有两种时间序列：均匀时间序列和延长时间序列。均匀时间序列的广告时间按时限周期平均运用。如时间周期为五天，则每五天广告一次，若为十天，则每十天广告一次，以此类推。延长时间序列是根据人的遗忘规律来设计的，广告的频度固定，但时间间隔越来越长。

b. 变化频度方法是广告周期里用各天广告次数不等的办法来发布广告。变化广告频度可以使广告声势适应销售情况的变化。常用于集中时间广告策略、季节与节假日广告时间策略，以便借助于广告次数的增加，推动销售高潮的到来。

变化频度有波浪序列型、递升序列型和递降序列型三种方式。波浪序列型是广告频度从递增到递减、又由递减到递增的变化过程，这一过程使广告周期内的频度由少到多、又由多到少，适用于季节性和流行性商品的广告宣传。递升序列型则是频度由少到多、至高峰时戛然而止的过程，适用于节日性广告。递降序列型是广告频度由多到少、由广告高峰跌到低谷、在最低潮时停止的过程，适用于文娱广告、企业新开张或优惠酬宾广告等。

上述各种广告时间策略可视需要组合运用。如集中时间策略与均衡时间策略交替使用，固定频度与变化频度组合运用等。广告时间策略运用得法，既可以节省广告费，又能实现理想的广告效果。这是广告策略中极为重要的一环。究竟一个商品广告在一种媒介上投放几次，才可以使人们记住它，这一问题的研究目前还处在摸索阶段，但目前也有研究表明至少是六次，即一个人接触同一个广告六次便会记住这个广告。如果有关此类问题的研究有所突破，

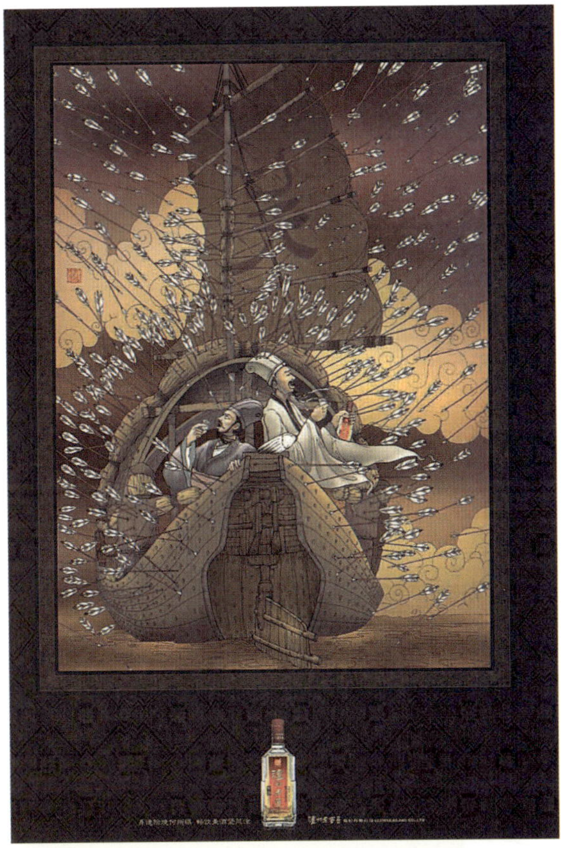

将会使广告的刊播工作在科学、合理、有效的轨道上运行。

（五）策略单

策略单是指在广告公司内部作业环节中，以统一的格式用文字表述出来一种文件，它是用以指导广告创意活动的指引性策略。广告创意策略单是由广告策略部门在整合各种资源后，由策略人员完成，并被创意人员认同，然后经过分析研究和深思熟虑之后撰写而成的，它是广告整体传播策略的缩影。广告策略在客户提案中，起到指导和不断提醒的作用，提醒相关客户和部门，大家的思维需要在同一路径，尤其是评判广告创意的标准，策略当数第一，是广告创意的核心基石。

图2-81、图2-82、图2-83　设计：刘争强 / 2009
获得全省广告节金奖、广州日报华文广告奖银奖

图2-84 孔雀 / 设计：刘争强

图2-85 楼梯 / 设计：刘争强

（六）创意简报

创意简报（Creative Brief），简称Brief，也叫工作简报。首先由客户将情况清楚告知广告公司的客户服务人员，客户部的同仁们根据客户的要求，整理清楚思路后写出Brief，就是大家看到的工作单。

创意简报涵盖的内容有：

1. 诉求对象

诉求对象是创意工作的传播对象，要看清楚Brief上写的具体阐述。比如，是针对年轻单身人士还是已婚小夫妻？是月收入三千还是三万？在这一板块，客户部的同仁们有时会把消费者的具体Insight(内在消费洞察)呈现在Brief上面，这对创意发想也是非常有用的。

2. 诉求点

这是指面对我们的“诉求对象”说些什么？这个“诉求点”很关键，一定要看清楚。举例：让青少年拒绝诱惑，是拒绝第一次的毒品引诱吗？

3. 工作任务

搞清楚了对谁说，说什么之后，就要看用什么形式去说了。这个就是“工作任务”，是去创作海报？还是做条TVC？或者是为网站做条FLASH？

4. 时间安排

要把工作的时间情况了解清楚。什么时候必须“交功课”，在广告公司，就是何时给客户提案。是一个星期后来拿提案？还是过两天就马上要呢？如果自己不了解清楚，那可能就会把最后时间都错过了。记住，时间主宰一切，创意一定要快！准！狠！

五、作业实践

（一）项目一

某汽车品牌混合动力车2013—2016年中长期广告战略规划

训练目的：了解广告战略规划基本知识和内容，了解战略规划特征，对混合动力和新能源汽车市场有一定的前瞻性思考和判断。

作业要求

1. 3000字左右战略规划报告，要求内容详细，环节有序，文字表述准确；

2. 25P左右的PPT提案报告，要求图文并茂，提案生动。

课题时间：两周

相关作业：收集混合动力汽车资料、消费趋势调研、环保和再生能源动力汽车的广告策划分析。

（二）项目二

某汽车品牌混合动力车2013年产品广告策略单

训练目的：了解广告策略基本知识和内容，了解策略的执行环节，对混合动力和新能源汽车市场有一定的前瞻性思考和判断。

作业要求：撰写年度和季度策略单，要求格式规范，逻辑严谨。

课题时间：一周

相关作业：对市场上环保和再生能源动力汽车的广告策略进行分析。

（三）项目三

某汽车品牌混合动力车2013年产品广告创意简报

训练目的

1. 了解创意简报格式；

2. 创意简报完整，内容指导性强。

作业要求：4款创意简报。

课题时间：一周

相关作业：收集广告公司创意和广告创意简报模型。

图2–86　象牙 / 设计：刘争强

图2–87　羽扇 / 设计：刘争强

[参考案例]

第十一届中国大学生广告艺术节学院奖策略单（雀巢咖啡）

命题单位	雀巢（中国）有限公司
品牌名称	NESCAFÉ 雀巢咖啡
广告主题	1．活出敢性；2．来杯“雀巢咖啡”！
品牌调性	积极、充满活力、勇于创新、激发灵感
传播 / 营销目的	借由全新的广告主题，透过富有情感张力的沟通方式，激励年轻的消费群体，勇于活出真我，使雀巢咖啡品牌与消费者建立起紧密的情感关联，增强其对雀巢咖啡品牌的认同与喜爱，并激发年轻人尝试咖啡，将雀巢咖啡视为生活中不可或缺的一部分。
企业 / 产品简介	• 1938 年雀巢公司发明了速溶咖啡。 • 70 多年来，雀巢咖啡不断以更多创新的专利技术，致力于为每一位饮用者带来更美好的咖啡享受。这一持续不断的努力，得到全球咖啡爱好者的广泛认可。现在，每秒钟就有 4600 多杯雀巢咖啡被世界各地的人们享用。 • NESCAFÉ（雀巢咖啡）的品牌价值超过 130 亿美元，被美国权威杂志《商业周刊》列为全球价值最高的咖啡品牌。 • 1989 年，雀巢咖啡第一条电视广告登陆中国，“味道好极了”的经典广告语家喻户晓。雀巢咖啡红杯更深受时尚年轻人的喜爱。雀巢咖啡也成为孕育独特中国式咖啡文化的催化剂。 美好的一天，从一杯香浓的雀巢咖啡开始！ • 2011 年，雀巢咖啡隆重推出全新的品牌理念“活出敢性”，希望鼓励年轻的消费群体，以积极的人生态度，有勇气把握自己的人生和梦想，活出内在真实的一面，释放更完美的自己，并为他人和社会带来积极的影响。
目标消费群	18~25 岁，对生活充满热情，有梦想，并勇于追求、实现梦想的年轻人。
命题类别	■平面广告　■影视广告　■广告文案
主题阐述	主题一：活出敢性 “敢性”代表着勇气和积极的生活态度。 “活出敢性”是对人生、信念和梦想的把握，活出内在真实的一面，释放更完美的自己，带来积极的影响。 勇敢是一种信念，永不放弃、执着的追求。 就像咖啡，它独特的味道，能点亮你的嗅觉，用心感受生活中每一刻真实的精彩，鼓舞着你不断向前，让你敢于面对真实的自己，活出自己的味道！ 创意作品可以尝试以雀巢咖啡作为“敢性”之源，从敢于表达，敢于创新，敢于行动等角度表现，使观赏者受到启发和鼓舞，拿出勇气展现释放自己真实、完美的一面。 …… 创意作品需以“来杯‘雀巢咖啡’！”为创作基础，发掘渴望表达、渴望沟通的年轻人的心理诉求，借助文字丰富内涵，鼓励人们活出敢性，敢于沟通，在享用“雀巢咖啡”的时刻，让人们将其联系在一起，发现生活的真实滋味！
其他补充事项	广告文案作品要求： 文案题目请学生以“活出敢性”或者“来杯‘雀巢咖啡’！”为核心撰写 其他：Word 文档，字数在 300~500 字
LOGO	NESCAFÉ 雀巢咖啡 味道好极了！
官方网站	雀巢咖啡中文网站：www.nescafe.com.cn 官方微博：http：//weibo.com/nescafechina

中国广告协会 / 2013

广州市鑫河广告有限公司
Guang Zhou Xinhe Advert CO,.LTD

Creative Brief—创意简报

Brand 品牌：嘉里香满园

Brand Idea 品牌意念

中国香，香满园

Brand Personality 品牌个性

世界级的、专业的、令人愉悦的

The Opportunity Is 机会是

香满园是一个综合品牌，旗下有十几个油种，遍布全国各地，不同的油种配合不同的地区消费习惯。
目前市场上综合性食用油品牌在“香”的诉求上还是空白，但这却是消费者对食用油的一个利益需求，香满园正是抓住机会抢占这个空白地带。

So This Is Why We Are Advertising
所以，这就是为什么我们要做广告。

说服消费者接受香满园，在消费者心目中建立香满园代表着美食文化、代表着风味文化的认知。

To These People 给这些人	Target and Relevant Insight 目标群及相关洞察

1. 二、三线城市的食用油消费者，以家庭主妇为主，年龄在 25~55 岁。
2. 他们关注家庭，追求更高的生活标准。
3. 他们认为美食能为家庭及个人带来快乐。

Our Proposition is 我们的提议是	Single-minded & Differentiating 单纯的、与众不同的

与世界同步的愉悦美食体验

And They Will Believe It Because 他们会相信我们的说法，因为	The Critical Support 关键的支持

1. 香满园有国际背景，是来自新加坡郭氏兄弟集团的品牌。
2. 香满园油种齐全，不同油种，不同风味，满足不同的需要。
3. 芝麻香油香味出众，炒菜更香。

第三节　广告创意

广告创意简单来说就是依据广告策略，通过大胆新奇的手法来制造与众不同的视听效果，最大限度地吸引消费者，从而达到品牌传播与产品营销的目的。有些广告创意看似灵光一闪，其实是经过了一个复杂而曲折的过程，因为我们看见的只是最后的结果，在作品的背后可能是广告创作人员艰辛努力的付出。

在这一阶段，创作人员往往为想一个好的“点子”而苦思冥想，甚至到了废寝忘食的地步。这一阶段需要的时间可长可短，有时会突发灵感，迸发出思想火花，一个绝妙的创意油然而生；有时可能会有“众里寻他千百度，蓦然回首，那人却在灯火阑珊处”的收获。当然，广告创意也还是有其自身的规律和方法的。

一、课程要求

训练目的：解决广告的“怎么说”问题，实践广告创意过程和表现。

作业要求：训练创意表现能力，表现力强，视觉完美，个性和特征突出。

项目时间：24学时

相关作业：1. 创意思维训练　2. 创意作品创作

学习要求：用不同的语言和表达方式来传递同一个“内容”，这就是广告的“怎么说”。

掌握广告创意的方法，培养创意思维能力和广告设计的创造力。

二、业界案例

猎豹飞腾品牌广告创意概念和表现

策划总监：刘立波　李　虎

设计总监：蒋宏伟　刘　勇

公司：广东省广告股份有限公司

猎豹作为中国多年来越野车主力品牌，其军工形象在消费者心中占据了一定的地位，但近年来，随着汽车行业的迅猛发展，民用市场对SUV的需求猛增，个人消费者市场潜力巨大，猎豹曾经的硬派军工形象为其扩展市场带来了局限性。

长丰猎豹开始加大对民用市场的重视，以期更贴近普通消费者的生活，所以借助猎豹飞腾进行产品改款销售的时机，企业通过广告的传播来改变品牌的形象和产品销量。

猎豹飞腾是一台传承了越野精髓的中小型SUV，功能强大，上市4年多，积累了一部分忠诚的消费者。飞腾的车主遍布神州，各行各业……他们因心灵上的趋同走到了一起，因精神上的追求走到了一起，这是最能代表飞腾所具有的心灵情节。

通过对消费者的调研，我们发现——

他们是一群具有侠士风范的行者——江湖、义气、干练是他们描绘自我气质最常见的词汇；
他们是一群为了自由梦想而不懈追求的行者——乐衷于通过改装展现自我；
他们敢于尝试，勇于突破，热爱冒险，拒绝约束；
他们是都市快乐的飞侠，喜欢户外越野的快乐，并且乐于享受这个过程。
对他们来说，猎豹飞腾——
是一种象征、一种图腾、一种心理暗示；
是一种人车合一，快乐生活的表达。
尽管城市为我们提供了丰富的物质，但我们的精神却向往着自由，向往原野、向往阳光。而飞腾的卓众性能，足以带着每一个人的心，自由地去飞。
广告创意从消费者向往的自由生活切入，通过典型的户外运动形式，来诠释自由的快乐，表达快乐飞腾的内涵。

图2-88　飞腾车广告口号

图2-89　广告创意上用典型的户外运动元素与城市元素相结合，体现出城市人所向往的自由快乐（图片来源：广东省广告股份有限公司）

图2-90　在销售店的布置上，延续“快乐飞腾中”的视觉形象

图2-91 在杯垫上也注入品牌形象的传播

图2-92 文化衫也是理想的广告创意载体

形象诉求：强化“自由快乐”的调性，在传播上力求塑造“快乐飞腾中”的品牌形象，去感染更多消费者。

三、教学案例

芙蓉春晓地产广告整合推广

策划教学总监：李志红
设计教学总监：蔡凯峰　郭　铁
教学机构：广州工程技术职业学院
　　　　　广州鑫河广告有限公司
时间：2013年

（一）课程介绍

2013年3月，广州工程技术职业学院艺术与设计学院联合广州市鑫河广告有限公司开展了2011级广告设计专业《广告策划与创意》课程的联合授课，教学和实践过程由学院广告专业老师和广告公司设计师共同完成。课程共72学时，最后作品直接向甲方提案。

（二）项目发展商简介

1. 项目地理位置

项目位于广州市花都区芙蓉镇狮岭镇芙蓉大道东侧，临近花都花卉市场。所在区域属于花都区城市中轴线发展区域，近年来，雅居乐等知名地产发展商到该板块进行开发后，使该区域房地产整体发展得到了极大的提升。另外，项目位于城市中轴线规划的起点端，万达广场选址旁，增值空间巨大。

2. 项目交通概况

本项目位于花都区的芙蓉大道路段，拥有通往旗岭、狮岭、狮山区的公交线路，自驾车到白云机场15分钟、广州市区20分钟、天河30分钟，为项目提供了便捷的出行交通工具。

建设中的肇花快速路，通往花都新机场的线路将于2013年开通，线路的终点站设立在项目附近的花山镇，届时项目将是高速路网旁物业，更增强了项目出行的交通便利，升值无限。

3. 项目相关简述

（1）项目概况

1）红线用地面积：33294m^2；容积率：3.12；

图2-93 芙蓉春晓项目效果图

建筑密度：30%；绿化率：30%。

2）总建筑面积：95500m²，预计分2~3期开发，首期预计2013年10月展开销售。

3）项目南面紧靠40亩私家山，为项目重要的景观资源。

4）小区内建有商业特色超市、文体活动中心和卫生站等。

（2）产品特点

1）户数：近819户；住宅产品：7栋地上28~31层商住楼；

2）户型：首期——高层洋房83~120㎡，主力户型为90~120㎡。

芙蓉春晓以90~120㎡三房产品为主，主打舒适性刚需三房带套房，符合国家增加刚需产品供给的政策要求，满足市场客户一步到位的居住需求。

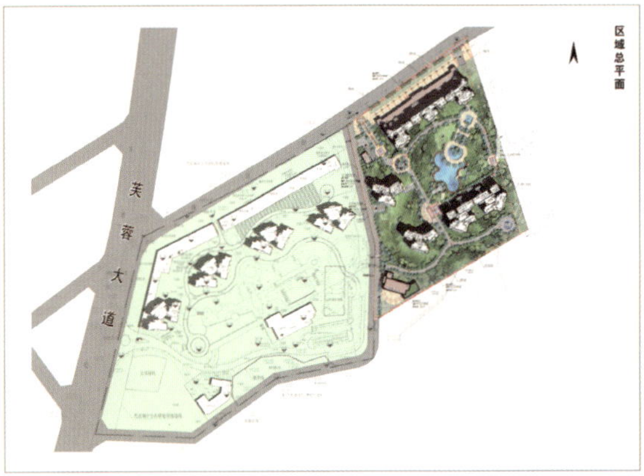

图2-94　芙蓉春晓项目规划图

（3）项目设计

1）市场定位：花都中产，精英刚需第一居所。

2）产品文化特点：

本项目提取中国古典文化的精华——弟子规，圣人训文化，作为项目开发的出发点。建筑创作设计以现代简约风格为设计原型，深化项目的立面设计。从精神层面上，延续古典文化情感，培养新花都人对故文化的归属感，及表现万信达的创新精神。

3）外立面设计：采用新东方简约主义风格设计，结合现代科学的建筑元素，让整个建筑形态表现流畅。

4）园林设计：充分融入弟子规文化元素，“大家，大爱”的风格设计，本项目将采用园林景色给予全新诠释，致力打造绿色大家住宅社区。

图2-95　芙蓉春晓项目鸟瞰图

（4）目标客户

目标客户群特征描述：城市中产精英群体

以首次置业、首次改善型客户为主，主要为狮岭镇或在新华区工作的购房者，集中了花都区以北的政府机关客户以及周边村民；外区域客户主要为企事业中层管理人员，骨干精英，公务员，专业市场老板等，年龄为30~45岁。

（三）广告方案介绍

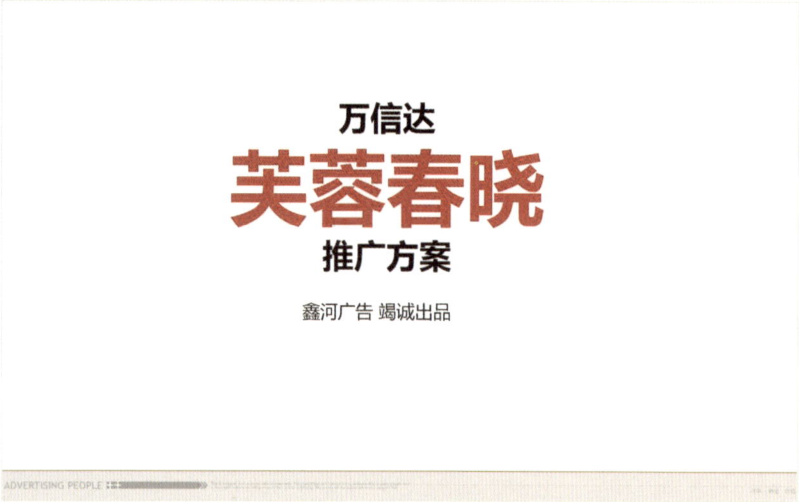

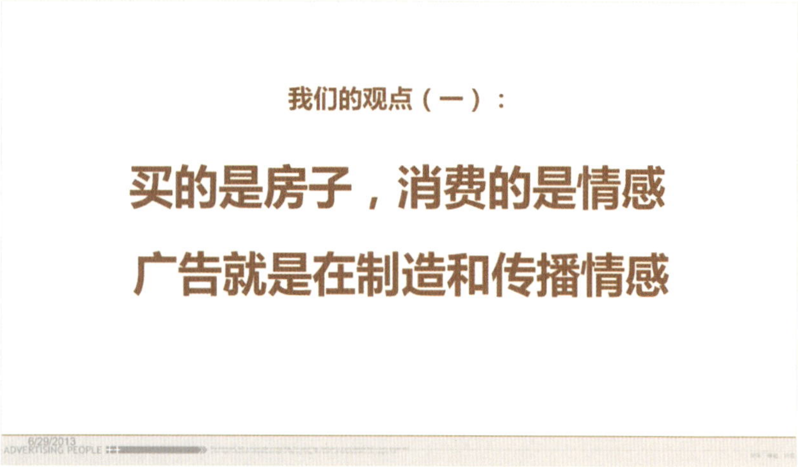

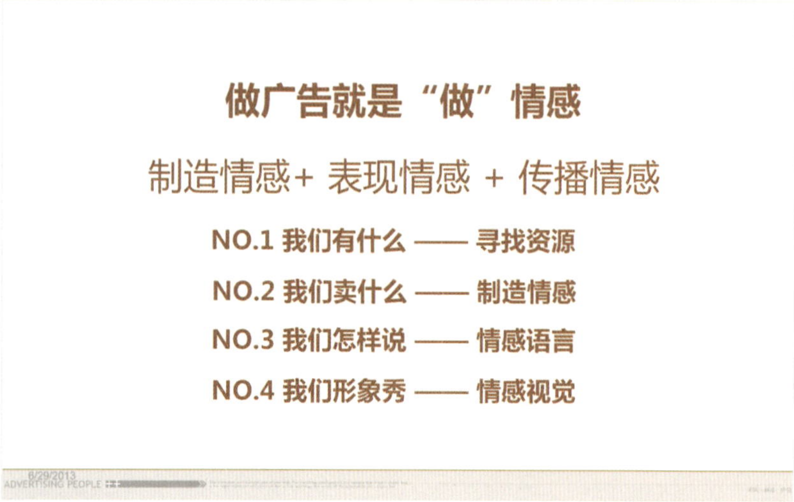

1．理念阐述

在提案前，谈点广告哲学。首先向客户传达理念诉求，表达对广告的理解和团队的作业思路，求得客户的广告价值观认同。

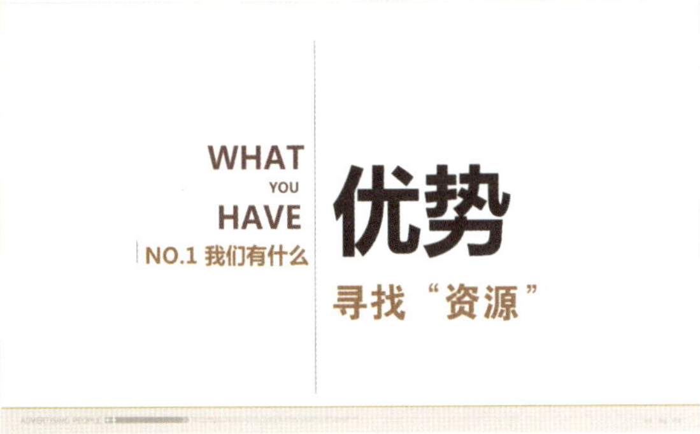

2. 优势分析

寻找产品优势就是提炼卖点，在众多信息的海洋里，挖掘有价值的元素，在本案中，总共提炼了六大优势。

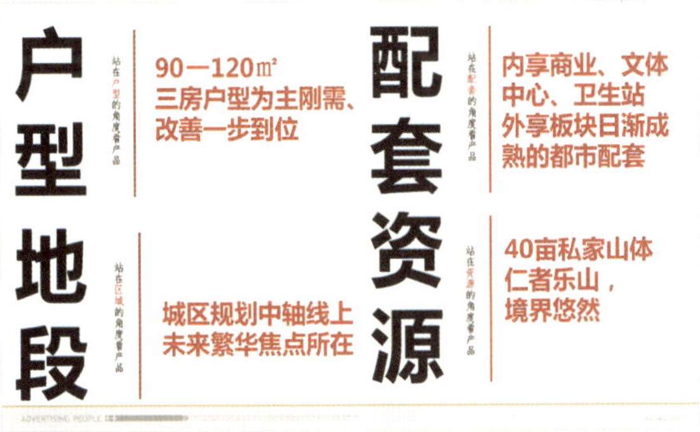

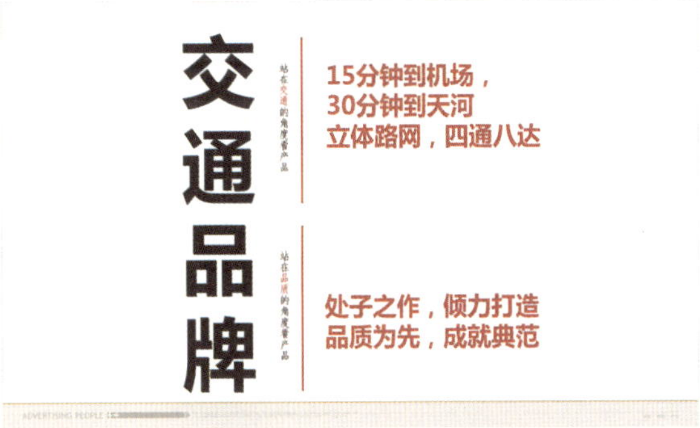

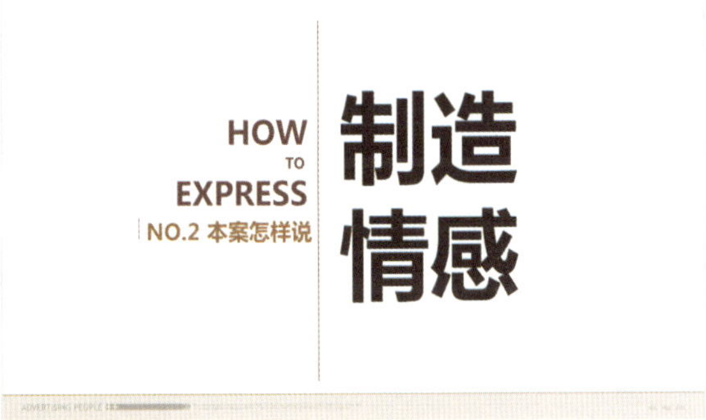

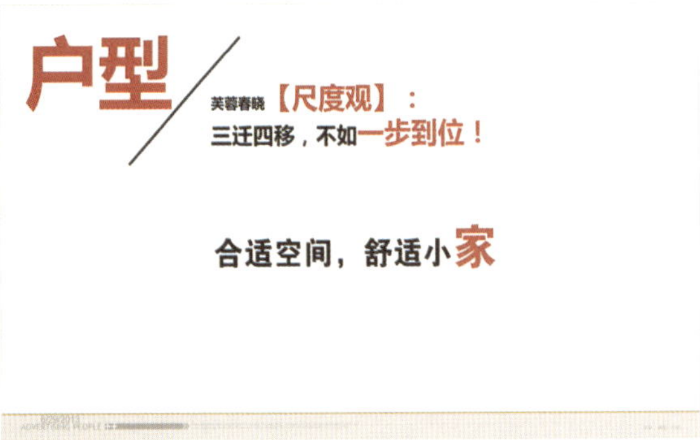

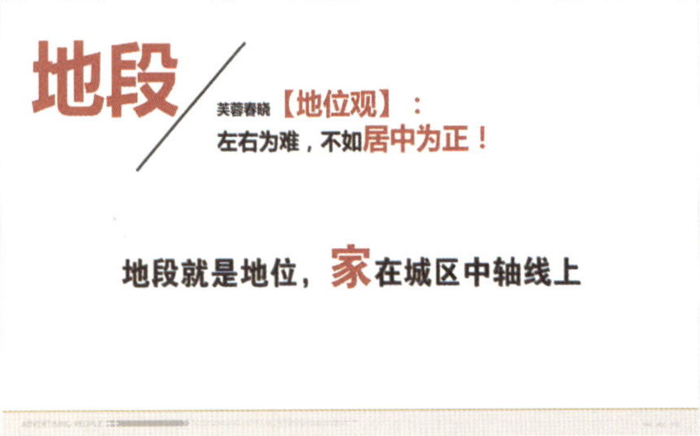

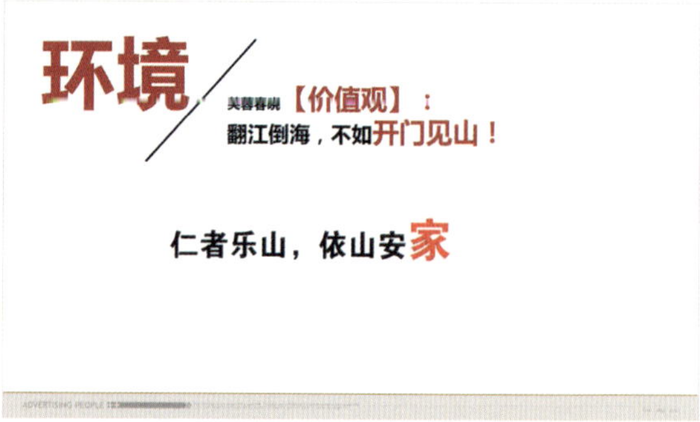

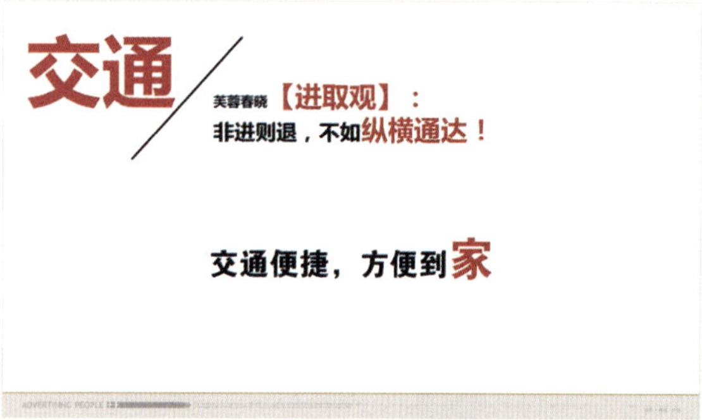

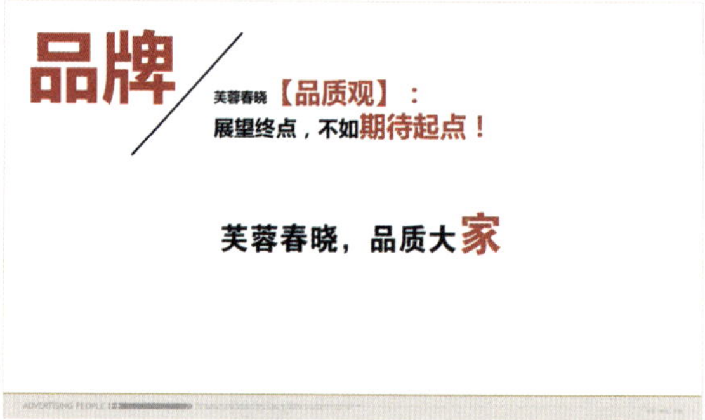

3. 情感提炼

围绕六大优势，化优势资源为情感诉求，概括为六大情感联想，进行概念提升和转移。

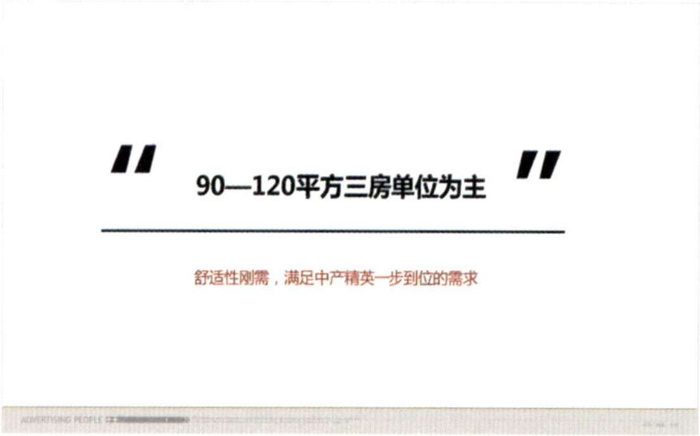

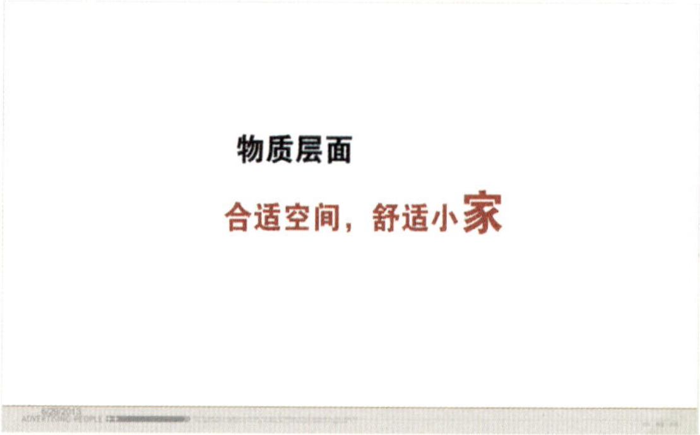

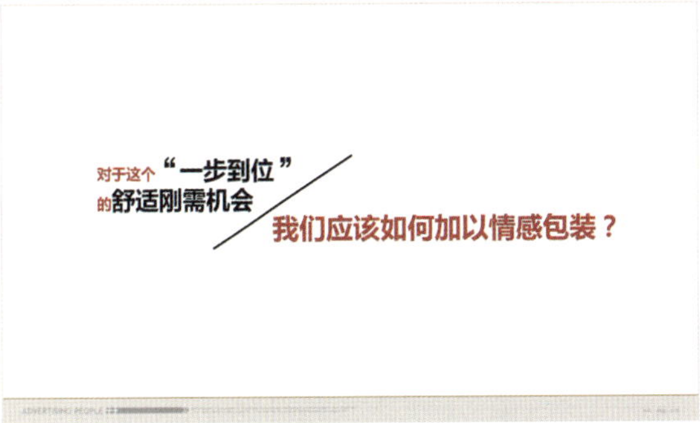

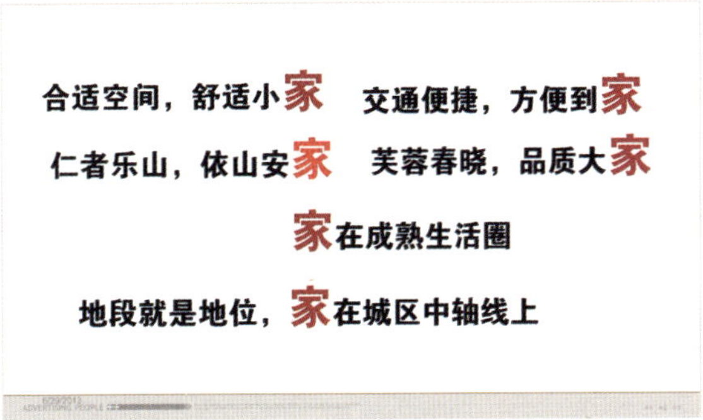

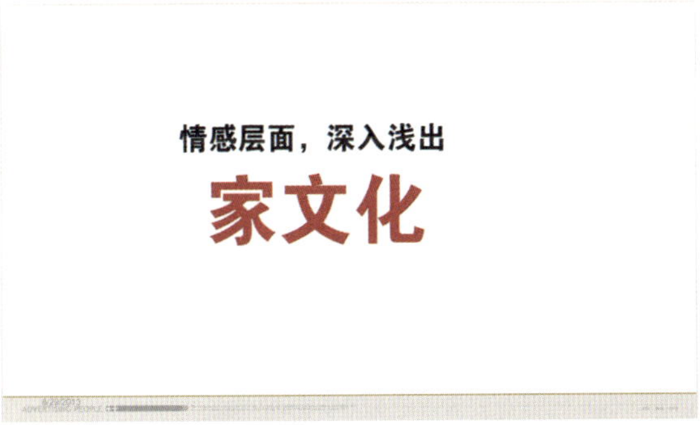

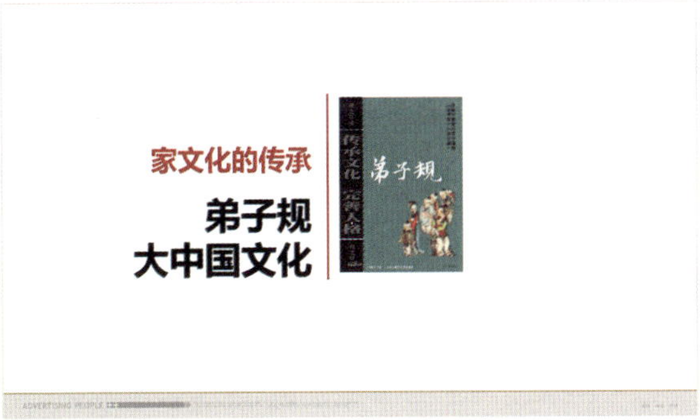

4. 情感语言

在自我审视的篇章里，把情感进行深化，找到语言元素进行表达，无论是视觉语言，还是文字语言，都需要找到独特的情感表现，事实上这一过程是物质—精神—物质的创作过程。

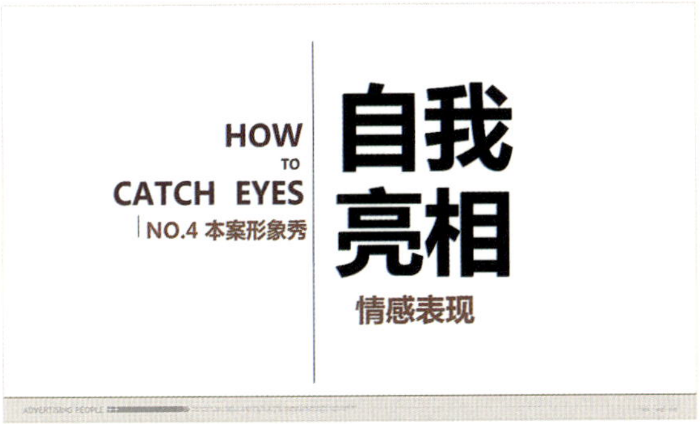

5. 自我亮相

就是作品表现，下面的系列作品就是围绕“家、新东方主义、国学文化”等进行的作品创作。

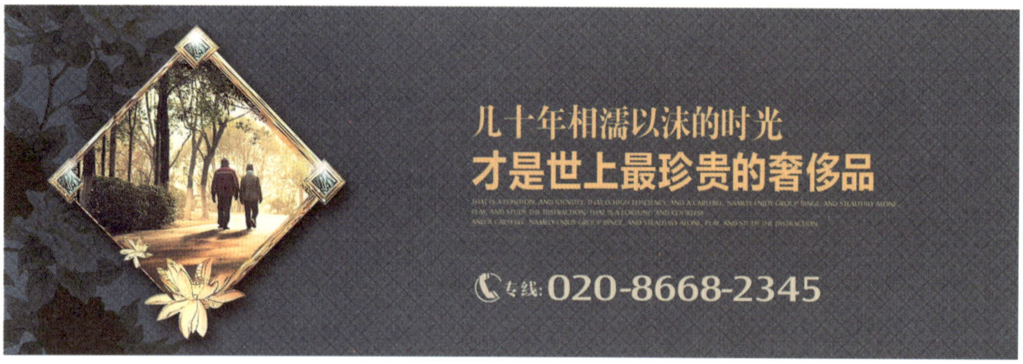

图2-96、图2-97、图2-98、图2-99　芙蓉春晓爱系列 / 设计：2011级

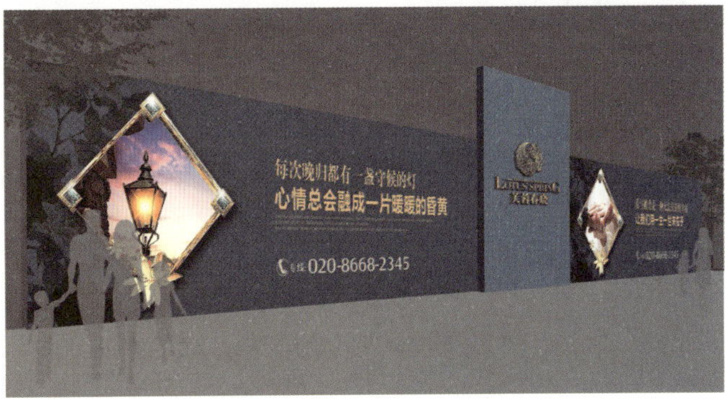

图2–100、图2–101、图2–102、图2–103、图2–104　芙蓉春晓爱系列 / 设计：2011级

点评：家、幸福、大爱……在情上面做好文章。细节的画面，温暖的语言，就像一首首感人的诗；感人的文字、甜美的画面、精致的窗户、和谐的色彩一起构成了一股强大的诉求力量去感染消费者。

图2-105、图2-106、图2-107、图2-108、图2-109　芙蓉春晓家系列 / 设计：2011级

图2-110、图2-111　芙蓉春晓家系列 / 设计：2011级

点评：家是该系列作品诉求的核心，家是舒适的温度，家是不变的承诺……买房就是选家，作为刚需房，就是安家立业的地方，通过厚重的色彩，温馨的画面，去演绎一幅幅家的情感。

图2-112、图2-113、图2-114、图2-115 芙蓉春晓幸福生活家系列 / 设计：2011级

点评：幸福、生活、家。翩翩起舞的蝴蝶，吉祥的纹样，欢唱的小鸟，飞跃的金鱼演绎了一幅超现实的画面，既现代，又传统。

图2-116、图2-117、图2-118、图2-119 芙蓉春晓窗系列 / 设计：2011级

点评：窗就是家，休息在家里，透过窗户，我们看到了爱，看到了繁星满天、看到了都市的川流不息的生活节奏。

图2-120、图2-121、图2-122　芙蓉春晓新东方生活国学系列 / 设计：2011级

点评：写意写实双重结合，形散而神不散。新东方是一种诗情画意，是一种东情西韵，是一种现代的生活方式，也是一种国际生活的流行趋势。硬朗的字母，散点式的东方构图，鲜活的色彩，画面清新，内涵深刻。

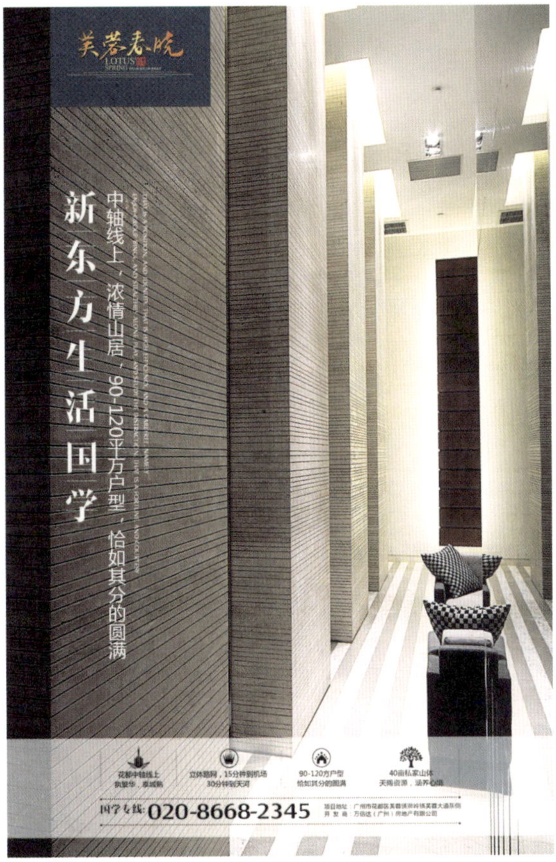

图2-123、图2-124、图2-125　芙蓉春晓新东方生活国学系列 / 设计：2011级

图2-126、图2-127、图2-128　芙蓉春晓新东方生活国学系列 / 设计：2011级

点评：新东方是区别于古典东方，或者说是传统东方的，它是在东方文化中成长出来的新生命，既有现代思想，也有传统文化。国际视野、现代精神、传统文化在系列作品中演绎得畅快淋漓。

四、知识点

广告创意是从无到有的创作活动，是一种思维过程，一种内在的、模糊的、隐含的意念。通过广告调研和广告策划确定广告“说什么”后，广告创意需要解决的是“怎么说”的问题。同样一个诉求内容，理论上有无数种表达方式，如何表达才能达到最佳的效果呢？这完全有赖于广告创意人员的创意涵养和灵感及其创造力。

20世纪60年代，在西方国家开始出现了“大创意”(the big creativeidea)的概念，并且迅速在西方国家流行开来。大卫·奥格威指出：“要吸引消费者的注意力，同时让他们来买你的产品，非要有很好的特点不可，除非你的广告有很好的点子，不然它就像很快被黑夜吞噬的船只。”奥格威所说的“点子”，就是创意。

詹姆斯·韦伯·扬在《产生创意的方法》一书中对于创意(ideas)的解释在广告界得到比较普遍的认同，即“创意完全是各种要素的重新组合。广告中的创意，常是有着生活与事件‘一般知识’的人士，对来自产品的‘特定知识’加以新组合的结果”。

我国目前在创意词的使用上非常灵活，这大概是由于广告创意理论在引进过程中，几乎同时“creative”、“creativity”和“Ideas”也被引进来，而这三个观念在产生和运用中都曾经存在不同方面的指向或特定的含义，译成中文后都笼统地解释为创意的原因。

我们认为：“所谓广告创意就是广告人对广告创作对象所进行的创造性的思维活动，是通过想象、组合和创造，对广告主题、内容和表现形式所进行的观念性的新颖性文化构思，创造新的意念或系统，使广告对象的潜在现实属性升华为社会公众所能感受到的具象。”

（一）广告创意手法

创意以多样化的思维方式展开，通过感受、综合、比较、联想、归纳等具体方式产生想法，是创意人思想智慧的结晶。创意概念的形成，是广告创意的第一步，也是创意的关键所在。概念奠定了创意的整体基调，决定着诉求的角度，为创意提供方向的指引。以此为基础，创意进入具体实施阶段，这时就要考验创意人的创造性思维了。

当确定了“说什么”之后，“怎么说”就成为创意的焦点。如同语言表达中的修辞，创意也必须依靠具体的表述方式来完成。如何对广告核心概念进行针对性的、有效的表述，就涉及创意手法的合理运用。美国广告学教授，詹姆斯韦伯·扬说：“创意不仅是靠灵感而发生的，纵使有了灵感，也是由于思考而获得的结果。”创意是从“现有的要素重新组合”而衍生出来的，创意并非天才者的独占品。广告创意表现是视觉传达艺术设计的一种，其价值在于把广告诉求通过一定的方式转换成视觉、听觉等感官元素，使之更直观地面对消费者。

1. 直接展示法

这是一种最常见的运用十分广泛的表现手法。它将某产品或主题直接如实地展示在广告版面上，充分运用摄影或绘画等技巧的写实表现能力。细致刻画和着力渲染产品的质感、形态和功能用途，将产品精美的质地引人入胜地呈现出来，给人以逼真的现实感，使消费者对所宣传的产品产生一种亲切感和信任感。这种手法由于直接将产品推向消费者面前，所以要十分注意画面上产品的组合和展示角度，应着力突出产品的品牌和产品本身最容易打动人心的部位，运用色光和背景进行烘托，使产品置身于一个具有感染力的空间，这样才能增强广告画面的视觉冲击力。

图2-129　奔驰汽车广告
直接展示法示例：直接展示奔驰车最辉煌的经典，让人对这个品牌深厚的文化底蕴一目了然。（图片来源：世界广告网）

2. 突出特征法
运用各种方式抓住和强调产品或主题本身与众不同的特征，并把它鲜明地表现出来，将这些特征置于广告画面的主要视觉部位或加以烘托处理，使观众在接触言辞画面的瞬间即很快感受到，对其产生注意和发生视觉兴趣，达到刺激购买欲望的促销目的。

在广告表现中，这些应着力加以突出和渲染的特征，一般由富于个性的产品形象、与众不同的特殊能力、厂商的企业标志和产品的商标等要素来决定。

突出特征的手法也是我们常见的运用得十分普遍的表现手法，是突出广告主题的重要手法之一，有着不可忽略的表现价值。

3. 对比衬托法
对比是一种趋向于对立冲突的艺术美中最突出的表现手法。它把作品中所描绘的事物的性质和特点放在鲜明的对照和直接对比中来表现，借彼显此，互比互衬，从对比所呈现的差别中，达到集中、简洁、曲折变化的表现。通过这种手法更鲜明地强调或提示产品的性能和特点，给消费者以深刻的视觉感受。

作为一种常见的行之有效的表现手法，可以说，一切艺术都受惠于对比表现手法。对比手法的运用，不仅使广告主题加强了表现力度，而且饱含情趣，扩大了广告作品的感染力。对比手法运用的成功，能使貌似平凡的画面处理隐含着丰富的意味，展示了广告主题表现的不同层次和深度。

图2-130　广汽本田广告
对比衬托法示例：广州本田的雅阁汽车动力出众，怎样诠释更为巧妙？F1赛车与它如影随形才是最好的广告创意。（图片来源：广东省广告股份有限公司）

4. 合理夸张法
借助想象，对广告作品中所宣传的对象的品质或特性的某个方面进行相当明显的过分夸大，以加深或扩大这些特征的认识。文学家高尔基指出：“夸张是创作的基本原则。”通过这种手法能更鲜明地强调或揭示事物的实质，加强作品的艺术效果。

夸张是一般中求新奇变化，通过虚构把对象的特点和个性中美的方面进行夸大，赋予人们一种新奇与变化的情趣。
通过夸张手法的运用，为广告的艺术美注入了浓郁的感情色彩，使产品的特征鲜明、突出、动人。

图2–131 厦华广告
合理夸张法示例：厦华液晶电视广告采用夸张的手法，连屏幕外面都是电视画面的一部分，足见画质的逼真效果。（图片来源：广东省广告股份有限公司）

图2–132 米酒广告
以小见大法示例：典型的以小见大的创意，将酿酒的文化融入到小小的米中，让产品变得不平凡。（图片来源：中国广告网）

5. 以小见大法
在广告设计中对立体形象进行强调、取舍、浓缩，以独到的想象抓住一点或一个局部加以集中描写或延伸放大，以更充分地表达主题思想。这种艺术处理以一点观全面，以小见大，从不全到全的表现手法，给设计者带来了很大的灵活性和无限的表现力，同时为接受者提供了广阔的想象空间，获得生动的情趣和丰富的联想。

以小见大中的“小”，是广告画面描写的焦点和视觉兴趣中心，它既是广告创意的浓缩和生发，也是设计者匠心独具的安排，因而它已不是一般意义的“小”，而是小中寓大，以小胜大的高度提炼的产物，是简洁的刻意追求。

6. 运用联想法
合乎审美规律的心理现象。在审美的过程中通过丰富的联想，能突破时空的界限，扩大艺术形象的容量，加深画面的意境。通过联想，人们在审美对象上看到自己或与自己有关的经验，美感往往显得特别强烈，从而使审美对象与审美者融为一体，在产生联想过程中引发了美感共鸣，其感情的强度总是激烈的、丰富的。

7. 富于幽默法
幽默法是指广告作品中巧妙地再现喜剧性特征，

图2-133　万科城广告
运用联想法示例：丰富的想象力总能让广告更加动人，这样的大榕树给了你想象的空间，离开喧嚣的城市，在万科小区与百年老树一起深呼吸。（图片来源：广东省广告股份有限公司）

抓住生活现象中局部性的东西，通过人们的性格、外貌和举止的某些可笑的特征表现出来。

幽默的表现手法，往往运用饶有风趣的情节，巧妙的安排，把某种需要肯定的事物，无限延伸到漫画的程度，造成一种充满情趣，引人发笑而又耐人寻味的幽默意境。幽默的矛盾冲突可以达到出乎意料，又在情理之中的艺术效果，引起观赏者会心的微笑，以别具一格的方式，发挥艺术感染力的作用。

（二）广告创意形态

图2-134　大众汽车广告
富于幽默法示例：驾驶员在汽车的后面开车，让人发笑，实际上表现了大众汽车倒车功能强大,有如驾驶员向前开车一样便捷。（图片来源：世界广告网）

图2-135、图2-136　永和豆浆创意广告 / 设计：卢金源

1. 根据传播媒介分类

（1）印刷类广告

主要包括印刷品广告和印刷绘制广告。印刷品广告有报纸广告、杂志广告、图书广告、招贴广告、传单广告、产品目录、组织介绍等。印刷绘制广告有墙壁广告、路牌广告、工具广告、包装广告、挂历广告等。

（2）电子类广告

主要有广播广告、电视广告、电影广告、电脑网络广告、电子显示屏幕广告、霓虹灯广告等。

（3）实体广告

主要包括实物广告、橱窗广告、赠品广告等。

2. 根据广告的内容分类

（1）商业广告

商业广告是广告中最常见的形式，是广告学理论研究的重点对象。商业广告以推销商品为目的，是向消费者提供商品信息为主的广告。

（2）文化广告

以传播科学、文化、教育、体育、新闻出版等内容的广告。

（3）社会广告

指提供社会服务的广告。例如：社会福利、医疗保健、社会保险以及征婚、寻人、挂失、招聘工作、住房调换等。

（4）政府公告

指政府部门发布的公告，也具有广告的作用。例如：公安、交通、法院、财政、税务、工商、卫生等部门发布的公告性信息。

3. 根据广告的表现形式分类

（1）图片广告

主要包括摄影广告和信息广告。表现为写实和创作形式。

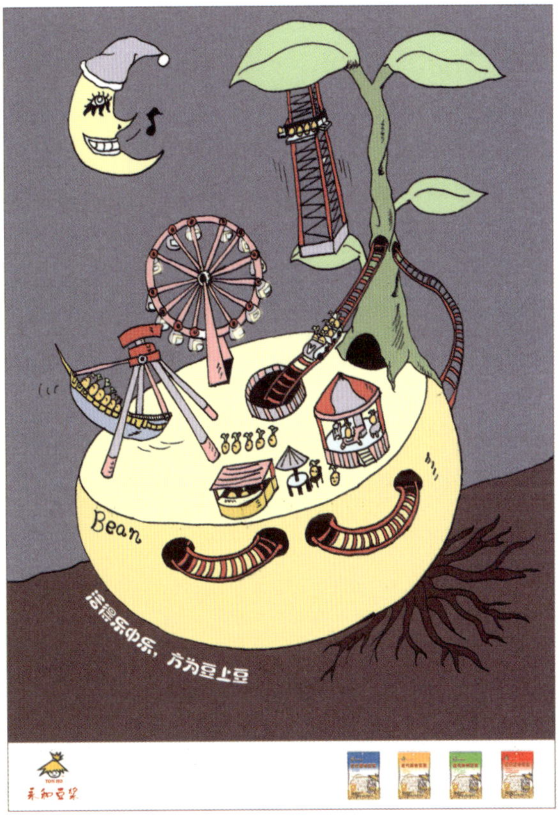

图2-137　永和豆浆创意广告 / 设计：卢金源

（2）文字广告

指以文字创意而表现广告诉诸内容的形式。文字广告能够给人以形象和联想余地。

（3）表演广告

指利用各种表演艺术形式，通过表演人的艺术化渲染来达到广告目的的广告形式。

（4）说辞广告

指利用语言艺术和技巧来影响社会公众的广告形式。大多数广告形式都不可能不采用游说性的语言，重点宣传企业或产品中某一个方面，甚至某一点的特性，在特定范围内利用夸张手法进行广告渲染。

（5）综合性广告

这是把几种广告表现形式结合在一起，以弥补单一艺术形式不足的广告。

除上述分类之外，广告还有许多其他分类方法。如按广告诉求的方法，可将广告分为理性诉求广告和感性诉求广告；按广告产生效果的快慢，可将广告分为时效性广告和迟效性广告；按广告对公众的影响，可将广告分为印象型广告、说明型广告和情感诉说型广告；按广告的目标对象，广告可分为儿童、青年、妇女、高收入阶层、工薪阶层的广告；按广告在传播时间上的要求，广告可分为时机性广告、长期性广告和短期性广告，等等。

（三）创意思维训练

创意思维训练——磨砺思维利剑。每个人都有创意思维的能力，创意思维可以通过训练达到培养和提高的目的。

1. 打破常规找创意

在长期的思维实践中，每个人都形成了自己所惯用的、格式化的思考模式，一有问题就沿着固有的思维路径对它思考和处理，这就是思维的惯常定式，我们把它作为创意思维的一种对立面，进行弱化和破除这些定式的训练，扫除创意思维的障碍。

（1）弱化权威定式的训练

有人群的地方就会有权威，人们对权威普遍怀有尊崇之情，进而演变为神话和迷信。为了保持创意思维的活力，削弱头脑中的权威定式，最好的方法是进行弱化权威定式的训练。

（2）弱化从众定式的训练

“从众定式”是思维惯常定式的一个重要表现。“从众”就是服从众人，顺从大伙儿，随大溜。从众定式不利于个人独立思考和产生创意。从创意思维的角度来说，往往是冲破从众定式的结果。

（3）弱化唯经验定式的训练

在一般情况下，经验是处理问题的好帮手，经验与创意思维之间，一方面，假如我们看到经验自身的相对性，即发现了它的局限性，不断开阔眼界，增强见识，创意思维能力得以提高，经验本身就意味着新创意。另一方面，经验又有可能导致人们对经验的过分依赖乃至崇拜，形成固定思维模式，削弱了头脑的想象力，造成创意思维能力下降，这就是“唯经验定式”。

（4）弱化非理性定式训练

我们的思维时刻受非理性因素影响，主要有感情、欲望、冲动、情绪、潜意识等因素。其中感情是一种最常见的非理性因素。一定的感情

图2–138、图2–139　金龙鱼芝麻油产品广告 / Saatchi & Saatchi / 2007

影响着人们思考的倾向和范围，自己喜欢的就一切都好，讨厌的就一切都不好。创意思维针对这种偏向，应学会“推迟判断”和“朝反面想”，后者是指，想一想你最讨厌的人所具有的优点，你最喜欢的人所具有的缺点。创造就意味着放弃和否定，而放弃和否定则包含感情上的割舍，这对多数人来说是极为困难的，而创意思维要求我们排除感情的干扰，大胆放弃并开辟新领域。但感情常常是无形地暗中操纵思维过程，当我们改变感情之时，就是改变对外界事物看法之际，再两相比较，才发现自己的思维偏差。

2. 转换视角觅创意

一位学者说过：你在做事时如果有一个主意，这个主意是最危险的。我们同样有理由认为，你在思维时如果只有一个视角，这个视角也是最容易引人进入歧途的。

创意视角就是用不寻常的视角去观察寻常的事物，使得事物显示出某种不寻常的性质。而不寻常的性质，有时并非事物新产生的性质，而是一直存在于事物中的，只不过人们以前从未发现罢了。改变视角能够产生创意，这在本章讨论创造性思维时，我们用的是“思维转化”这一概念。但是，改变视角并不是件容易的事。为了增强改变视角的能力，可以进行创意视角的泛化训练。

（1）定性泛化的综合训练

思考时总爱在脑子里给这个事物下一定性的判断，并以此来表明我们对它的基本态度。如果对某一事物或现象，我们的头脑能够以“肯定”和“否定”两种视角进行思考，那就会避免偏颇，发现其中未为人知的新东西，提高创意思维能力。

“肯定视角”是头脑思考某一具体事物或某一观念时，首先设定它是正确的、好的、有益的、有价值的，然后循此视角，寻找其优点和价值。请注意，肯定视角是要求对所有的东西先来一番“肯定”的思考！连一看就“荒唐可笑”和“丑恶无比”的也要采用“肯定视角”吗？——是的！不然，何来泛化训练呢？反之，“否定视角”就是从反面和对立面来思考事物或观念，把它们认定为错误的、坏的、有害的、无价值的等，并在这种视角下寻找其错误、危害、失败、缺欠之类的负面价值。

（2）历时泛化的综合训练

头脑为了把握外界的事物和观念，便对动态的东西“截取”为凝固的东西来处理，这样就难以

图2-140、图2-141　金龙鱼芝麻油产品广告 / Saatchi & Saatchi / 2007

避免认识上的一种偏向：我们只看眼前事物而忽略它过去的来源和它将来的去向，即仅仅习惯于“今日视角”而想不到用“往日”和“来日”视角观察世界。

往日视角就是考察事物和观念的起源，历史和以往的发展，把握了事物的过去，才能更好地思考事物的现在，有可能获得创意。
来日视角就是思考事物或观念的未来发展，预测它的发展方向和发展道路，并用预测的结果来指导我们的今天，指导今天对未来所持的态度。

从一定意义上来说，往日视角与来日视角是合二而一的，统称为“历时视角”或“发展视角”。我们生活在“今天”，当然只能说“今天”的话，办“今天”的事，但头脑却可以不受这种束缚，在“历时泛化”的综合训练中，提高创意思维能力。

（3）主体泛化的综合训练
我们总是习惯以自我为中心去观察和思考外界的事物，并以自己的标准尺度来衡量和评价好坏优劣。这并没错，唯一的问题是，我们应该时刻提醒自己：别人与我不完全相同。然而真正认识到这一点并不容易。

“自我视角”中的“自我”包括个人、团体、民族和人类，并划分为三个层次，即从“个人自我”到“团体自我”；从“团体自我”到“民族自我”；从“民族自我”到“人类自我”。“团体自我”指团体内的个人都以本团体为中心以其独特眼光来观察、理解和界定别的团体乃至整个外部世界。“民族自我”指民族中的个人都用本民族的独特眼光来观察、理解和界定其他民族和整个世界。同理，“人类自我”总是习惯按照人类自身的标准来界定得失祸福。

从创意思维来说，首先，自我视角会使眼界狭窄，不利于创意思维，应多进行非我视角的训练。力求超越自我，充分发挥思维主体的“视角转化功能”，学会从非我的角度观察和思考事物。其次，自我视角的反照能够促进创意的产生，即用自我视角来观察和思考自身。

非我视角可以使人理解别人，别的团体和别的民族的观点和行为也同样具有某种程度的合理性。但从非我视角来思考问题十分困难，它既需要训练，也需要经验和见识的积累。

（4）比较泛化的综合训练
求同视角是我们在思维中，抓住两种事物或观念之间的或多或少的相同点，便能够把千差万别的事物联系起来思考，从而发现新创意。求异视角则关注事物之间的差异点。

1）生命是什么
请用形象化的比喻说明生命是什么？把你理解的生命同一个具体的事物作“求同”、“求异”的思索。例如：生命如同炒菜，菜肴的味道取决于调料和技术。可以按固定不变的他人制定的菜谱炒菜，也不妨由你自己自由发挥。生命如同一串散乱的念珠，随便你怎样串联组合，都能够变得五光十色。

生命是一座你不想找到出口的迷宫。

2）自己的工作或学习的单位
你的工作或学习的单位怎么样？有什么特点？用“求同”、“求异”两种视角进行思考，并用比喻来描述。例如：我们的单位就像一艘古代的大木船，有的人用尽全力划桨，还喊着号子，想着点子；有的人半心半意地划桨，桨只随船而动；有的人根本不划桨，袖手旁观还说三道四，嫌有人划桨太用力；时不时还有人跳下水游到别的船上去；不少人也随时准备跳。我们的船长却视而不见，是根据后边航迹来掌握方向的。

3）物品组合

下列物品可以和哪些别的物品组合成新的物品：普通手表、手提包、铅笔盒、皮手套、自行车、图书、火车票……

（5）操作泛化综合训练

思维操作有“有序视角”和“无序视角”两种，大多数都喜欢有序，而不喜欢无序，但从创意思维的角度看，就不尽然了，这主要看思维的不同阶段。“无序视角”是指在创意思维的初期阶段，应该尽可能地打破条条框框，来一番混沌型的无序思考，以便充分激发想象力，达到更好的创意效果。“有序视角”则指在无序思考之后，有了新观念、新方案，还需有序化，使创意具有可行性，有序思考应按照逻辑来进行，实实在在地进行可行性论证。

五、作业实践

任务

某汽车品牌混合动力车春季广告设计

（混合动力车相比较普通汽油车会更加省油，节约更多的能源，也令我们的环境更加环保。）

训练目的：加强广告创意能力和广告执行表现能力。

作业要求：3~5幅系列作品，正版、二分之一版，要求画面生动，执行完美。

课题时间：两周

相关作业：收集混合动力汽车广告设计作品。

图2-142、图2-143、图2-144 美芝广告/川上广告/2012

第三章

品味经典：
广告策划与创意作品欣赏

第一节　20 世纪有影响的广告大师和公司

第二节　历史上有影响的欧美广告案例

第三节　广告设计大赛简介

第四节　中国广告发展史资料

在广告发展的进程中，留下了很多经典的作品，直到今日再来翻阅仍是令人赞叹不已。这些作品之所以卓越，是广告人用心血浇灌出来的，也为我们学习广告树立了一个标杆，优秀的广告人与经典的广告作品构成了广告发展的主旋律，将这些知识点选取出来，以供大家学习。

第一节　20世纪有影响的广告大师和公司

现代社会，广告无处不在。各种各样的媒体形式都在做广告，一个小小的电梯就成就了亿万富豪梦，更别说其他的广告形式了。软文、嵌入……只要你能想到的，没有广告做不到的。今天发达的广告业，凝聚着广告人的心血。盘点一下影响现代广告的殿堂巨擘以及世界著名的广告公司，看看他们为广告作出了怎样的贡献。

一、影响现代广告的殿堂巨擘

大卫·奥格威
David Ogilvy（1911—1999）
现代广告教皇

出生英国的大卫·奥格威，是现代广告业的大师级传奇人物，他一手创立了奥美广告公司，开启了现代广告业的新纪元。他创立了奥美这个品牌，启蒙了对消费者研究的运用，同时创造出一种崭新的广告文化。被《时代》周刊称为“当今广告业最抢手的广告奇才”。

图3-1　大卫·奥格威广告

亚尔伯特·拉斯克

Albert Lasker（1880—1952）

现代广告之父

亚尔伯特·拉斯克出生于德国的弗莱堡，后来移民到美国，在芝加哥他成为了罗德·汤姆斯广告公司的合作伙伴，之后购买了该公司。他有很多成功的广告活动，利用文案技巧，使广播媒介有了新用途，赢得了消费者的青睐，不仅改变了广告业也改变了当时的流行文化。他被选为美国国家商业名人。

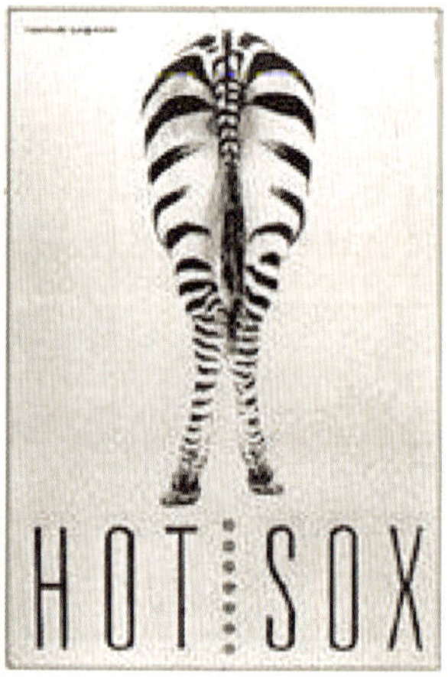

图3-2　亚尔伯特·拉斯克广告

史特利·雷梭

Stanley Resor（1879—1962）

广告界的“婆罗门”

史特利·雷梭生于美国的辛辛那提市。1908年进入JWT公司，成为杂志广告开创人汤普逊的继承者。他特别重视广告中商标名称的安排设计，将其视为广告的灵魂；同时他还提出应该将中产阶级作为商品促销的重点，因为他们人数众多，又具有颇强的购买力；他最具价值的创举是他第一个雇用女性文案人员，在当时，这些都是很有创见的思想。

图3-3　史特利·雷梭广告

雷蒙·鲁比堪

Raymond Rubica（1892—1978）

广告界的政治家

雷蒙·鲁比堪是美国广告的先驱，与约翰·杨合作成立杨·鲁比堪（Y&R）广告公司。他重视创造力是创新的本身，他的理念和文案彻底改变了行业。创新的领导力和创造力使他被喻为“广告界的政治家”。他认为广告应该是“镜子的读者”，认知和了解顾客是有效广告的一个重要组成部分。

李奥·贝纳

Leo Burnett（1891—1971）

芝加哥广告的领导者

李奥·贝纳出生在密歇根州的圣约翰，他是芝加哥广告的领导者（广告学派这个名词就是他发明的），于1935年创立李奥·贝纳广告公司（Leo Burnett Worldwide）。他被《时代》周刊命名为其中的第20个20世纪最有影响力的100人，广告业最具“创造性”的男人之一。在19世纪，广告界主要是复制、重视广告产品的描述和销售冗长的广告，然而，他开发了新的简单图标，来象征容易理解的20世纪消费产品的好处，被认为参与了20世纪60年代的创作革命。

图3-4　李奥·贝纳广告

克劳蒂·哈普金斯

Claude C. Hopkins（1867—1932）

伟大的广告先锋

克劳蒂·哈普金斯是一个伟大的广告先锋。他认为广告的存在不仅是卖东西，还应测试由它产生的结果是否有效，正因如此，他是忠实的采样信徒，也奠定了广告是为销售的原则；他坚持广告人应研究客户的产品和生产理由，还认为一个好的产品往往本身就是最好的销售人员。

二、世界十大广告公司

图3-5 奥姆尼康标志

奥姆尼康——全球规模最大的广告与传播集团

下属主要公司：天联广告(BBDO)、恒美广告（DDB）、李岱艾、浩腾媒体。

官方网站：http：//www.omnicomgroup.com/

图3-6 Interpublic标志

Interpublic——美国第二大广告与传播集团

下属主要公司：麦肯·光明、灵狮、博达大桥、盟诺、万博宣伟公关、高诚公关。

麦肯·光明：全球仅次于电通的第二大广告代理公司。

灵狮：源于联合利华广告部的“蓝色”。

官方网站：http：//www.interpublic.com/

图3-7 WPP标志

WPP——英国最大的广告与传播集团

下属主要公司：奥美（Ogilvy & Mather，O & M）、智威汤逊（J Walter Thompson，JWT）、电扬、传力媒体、尚扬媒介、博雅公关、伟达公关。

WPP的广告客户：喜力啤酒、亨氏食品、诺基亚、罗氏制药、辉瑞、福特汽车、英美烟草、美国远通、AT & T、格兰素史克、IBM、雀巢、联合利华和菲利浦–莫利斯等超大型跨国公司的知名品牌。

智威汤逊： 品牌创建为先。

奥美整合传播：业务众多的“360度品牌管家”。

奥美环球（Ogilvy & Mather Worldwide）：于1948年由“现代广告之父”大卫·奥格威（David Ogilvy）在纽约始创。

官方网址：http：//www.wpp.com/

图3-8 阳狮集团标志

阳狮集团——法国最大的广告与传播集团

下属主要公司：阳狮中国、盛世长城、李奥·贝纳公司、实力传播、星传媒体。

实力传播：在华规模最大的媒体购买公司，是全球第4大媒体购买公司。

官方网址：http：//www.publicisgroupe.com/

图3-9 电通标志

电通——日本最大的广告与传播集团

下属主要公司：电通传媒、电通公关、Beacon Communications。

官方网址：http：//www.dentsu.com/

图3-10 哈瓦斯标志

哈瓦斯——法国第二大广告与传播集团

下属主要公司：灵智大洋、传媒企划集团、Arnold Worldwide Partners。

官方网址：http：//www.havas.com/

图3-11 精信环球标志

精信环球——最具独立性的广告与传播集团

下属主要公司：精信广告、Grey Direct、GCI、领先媒体、安可公关。

该公司为宝洁服务的时间超过40年。

官方网址：http：//www.grey.com/

图3-12 博报堂标志

博报堂——日本最具创意的广告集团

下属主要公司：博报堂广告——是日本排名第2的广告与传播集团，也是日本历史最久的广告公司。1996年9月与上海广告有限公司合资成立上海博报堂广告公司，并于1998年和2000年先后在北京和广州设分公司。

官方网址：http：//www.china-hakuhodo.com/

图3-13 Cordiant标志

Cordiant——全球第9大广告集团

下属主要公司：达比思广告。

2003年6月，广告界传出重要消息：全球第3大广告集团WPP在与第4大广告集团“阳狮”及主要债权人“赛伯乐”（Cerberus）的竞标中胜出，以4.45亿美元收购了陷入财务危机的Cordiant。

官方网址：http：//www.ccgww.com/

图3-14 旭通标志

旭通——日本第三大广告与传播集团

下属主要公司：旭通广告、ADK欧洲。

旭通广告公司网站：http：//www.adk.jp/

上海旭通网址：http：//www.adksh.com/

北京华闻旭通网址：http：//www.adk-bj.com.cn/

第二节　历史上有影响的欧美广告案例

一、可口可乐公司的广告欣赏

可口可乐是快乐的传播者，在它的广告创意中都或多或少地存在快乐的基因。这种快乐的理念使其成为历届戛纳广告节中最大的赢家，它凭借近期作品获得了30座“狮子”。

图3-15 、图3-16 、图3-17　可口可乐广告
它就是夏天/奥克兰 Publicis Mojo

图3-18、图3-19 、图3-20、图3-21　荷兰阳狮广告（Publicis）为可口可乐“年轻”的Coca-Cola Light创作的广告

二、绝对伏特加的平面广告欣赏

绝对牌伏特加酒平面广告是广告史上的经典之作。TBWA公司的艺术指导海因斯在设计时一反传统烈酒广告使用硬汉、美女的套路，直接用酒瓶作主体，标题只用两个词，前一个是商标“绝对(Absolut)”；后一个是表示其品质的词。这个偶然的灵感触发了一场历时20多年的广告传奇，各种社会事件、文化现象都成了“绝对”的创意源泉，为不同地域、不同阶层的人所喜爱。透过完全透明的酒瓶，多年来，绝对伏特加不断采取富有创意而又高雅及幽默的方式诠释该品牌的核心价值：纯净、简单、完美。不但销售上获得了巨大的成功，而且广告也两次荣获美国广告界的最高荣誉——KELLY奖。

绝对伏特加的纯度在酒类当中无出其右。为了体现口感独特而纯净这一最主要卖点。TBWA（法国）为其创作了以下广告。

图3-22　绝对伏特加

图3-23、图3-24、图3-25 绝对伏特加 城市系列广告

图3-26、图3-27、图3-28、图3-29 伏特加系列广告

图3-30、图3-31、图3-32、图3-33　伏特加系列广告

三、耐克广告作品欣赏

耐克公司总裁耐特曾说："消费者是上帝。我们拥有与'上帝'对话的神奇工具——耐克广告……"不难看出耐克对于其品牌宣传的重视，而着眼于沟通是耐克的品牌策略，但早期耐克广告侧重宣传产品的技术优势，耐克的沟通广告是在其广告变法中产生的。"想做就去做（just do it.）"是耐克广告变法的品牌口号，传递着在摔打挫折中表现坚韧不拔的品牌性格。

图3–34 《耐克自由式(火柴人)》耐克地铁平面广告
点评：用年轻人喜欢的网络游戏角色，将火柴人与各项运动做了不同环境下的有效沟通。

2003年戛纳国际广告节影视金奖作品

《耐克自由式(火柴人系列)》

图3-35　《耐克自由式(火柴人)》耐克影视广告系列一

图3-36　《耐克自由式(火柴人)》耐克影视广告系列二

图3-37 《耐克自由式(火柴人)》耐克影视广告系列三

2011年荣获7个国际广告节褒奖
（包括戛纳国际广告节影视金奖、纽约广告节大奖等）
《Write The Future》

图3-38 《Write The Future》

每隔四年，足球天堂的钥匙在国际精英面前垂下。一个目标，一个游戏的环节能解决可以成名和被遗忘之间的差异。就在那一秒的间距会发生什么事，一石激起千层浪的效果超出了比赛。“写未来”是一个短信平台，使耐克足球显示了如何创建这种涟漪效应。它让我们窥见到未来，看到球员们在真正地表现自己的生活和那些跟随他们的生活。我们的目标是以围绕这一重大赛事的方式来突出参赛队伍和运动员，并同世界各地的球迷进行交谈同时宣传品牌。

四、奔驰汽车广告作品欣赏

梅赛德斯奔驰品牌被认为是世界上最成功的高档汽车品牌之一，其完美的技术水平、过硬的质量标准、推陈出新的创新能力以及一系列经典轿跑车款式令人称道。其奢华的社会象征意义在广告创作中并没有被夸张地表现出来。几乎在他所有的广告中，都没有滥用“尊贵”、“豪华”这些字眼，而是很平实，甚至是很幽默地将自己的品牌承诺形象地表述出来。因为，奔驰成功的实践告诫世人，产品品质是品牌立于不败的基石。

图3-39　刹车痕迹 / 1997年第44届戛纳国际广告节平面全场大奖
点评：对车缺乏认识的人，不会对“刹车痕迹”产生“无声胜有声”的感受。

图3-40、图3-41、图3-42 奔驰汽车系列广告/不看一边看一边。奔驰协助你的驾车盲点

点评：以毕加索的立体画派风格，表现出奔驰的安全性能很好。

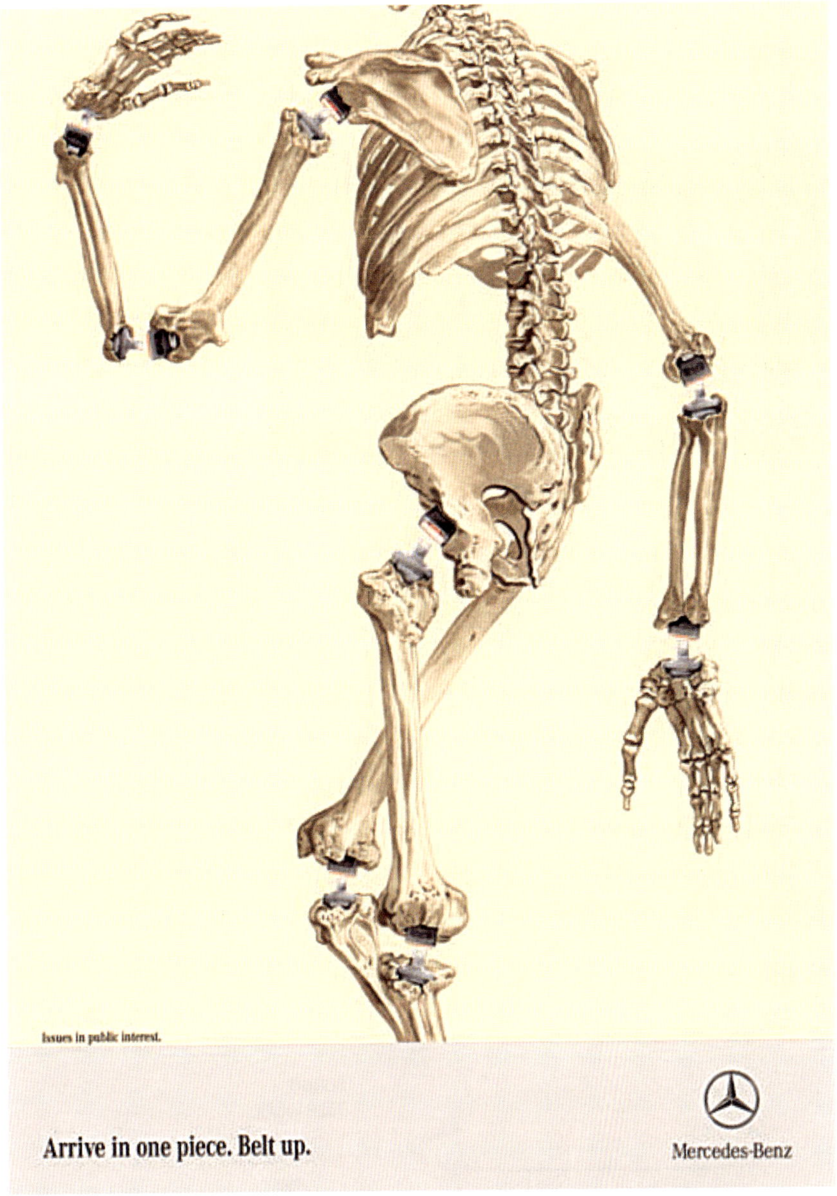

图3-43　奔驰汽车广告
Skeleton/以骨头的链接，表达安全的奔驰的汽车品质

第三节　广告设计大赛简介

图3-44　戛纳广告奖

戛纳广告奖（Cannes Lions Advertising Campaign）
戛纳广告奖官方网站：http：//www.canneslions.com/

戛纳广告大奖源于戛纳电影节。1954年，由电影广告媒体代理商发起组织了戛纳国际电影广告节，希望电影广告能同电影一样受到世人的认同和瞩目。此后，戛纳同威尼斯开始轮流举办此大赛，1977年，戛纳正式成为永久举办地。1992年，组委会又增加报刊、招贴与平面的竞赛项目，这使得戛纳广告奖成为真正意义上的综合国际大奖。广告节于每年6月下旬举行，广告节期间各国广告代表来访，其他各界来宾亦云集于此。客户、制作公司、策略部门、创意团队在此开设一系列的交流会，研讨专业、商洽业务。

图3-45　“金铅笔”奖

“金铅笔”奖（The One Show）
The One Club官方网站：http：//www.oneclub.org/
The One Show中国网站：http：//www.oneshow.com.cn/

广告界可以没有The One Show“金铅笔”——但不可以没有梦想

The One Show——“金铅笔”，是美国One Club赋予全球顶级广告创意人员的最高奖项，至今已有80年历史。内容包括一年一度的One Show奖和One Show互动奖，青年创意竞赛和学生作品展以及一系列长达7天的国际顶级广告人互动活动。

全国大学生广告艺术大赛
大学生广告艺术大赛官方网站：http：//www.sun-ada.net

全国大学生广告艺术大赛——中国最大的高校传播平台（以下简称：大广赛）是由教育部高等教育司主办、教育部高等学校新闻学学科教学指导委员会组织、中国传媒大学与中国高等教育学会广告教育专业委员会共同承办的唯一全国性高校文科大赛。赛事每两年举办一次。2005年第一届、2007年第二届以及2009年第三届，经过连续三届的成功组织，2011年举办第四届全国大学生广告艺术大赛。大广赛将专业教育、素质教育和职业教育贯通，首次空前扩大了广告教育的辐射力和影响力，拓展了广告教育的内涵。大广赛旨在提高大学生的创新精神和实践能力，激发大学生的创意灵感，促进大学新闻传播、广告、艺术教育的人才培养模式的改革，同时对于课程设置、教学内容和方法的出新起到了推动作用，极大地提高了大学生的动手能力、实践能力、策划能力和综合能力。

图3-46　全国大学生广告艺术大赛

时报广告金犊奖
金犊奖官方网站：http：//www.ad-young.com

时报金犊奖的创办，是为了协助广告业界培养广告新兵，让广告教育能够往下扎根，提供给学生一个创作平台，鼓励并提升新一代广告新鲜人创作水平。

时报金犊奖是第一家，也是唯一一家将媒体与市场推广服务合并为一体，并利用最广泛的媒体资源去接近深入全球华人高中及大学生的广告与设计的创作奖项。本活动目前已得到海内外700余所院校师生的大力支持。

时报金犊奖已成为一项重要的校园活动，在学界和业界之间架起桥梁，成为学生毕业进入企业或广告公司的踏脚石，并为业界输送成品人才。

时报金犊奖是全世界比赛中，获奖率最低含金量最高的奖项，参赛得奖难度大家有目共睹，二十年来在全球华人广告人心目中建立了最佳品牌奖项的形象。因为它的权威性和公正性，在此奖项中获奖已成为广告、传播相关科系师生心目中一个至高无上的荣誉。

在未来的日子里，金犊奖也会用更专业的水准为亲爱的老师和同学们提供更好的服务。

图3-47　时报广告金犊奖

第四节　中国广告发展史资料

酒旗——中国历史上最早的广告形式

历史上最早的广告已经无从考证，战国时代宋国韩非子的《外储说右上》："宋人有沽酒者，升概甚平，遇客甚谨，为酒甚美，悬帜甚高著"。"悬帜"就是挂"酒旗"，这恐怕是最早的户外广告牌。唐朝诗人杜牧写过"借问酒家何处有，牧童遥指杏花村"。这"杏花村"应该是一个酒楼的商号，按今天的理解就是所谓的"品牌"了。

小说《水浒传》里的广告形式和内容就更具体了，比如武松路过的"景阳冈"有一个酒肆，也打着一杆酒幌子，叫作"三碗不过冈"，这恐怕是中国最早的酒楼广告语。

北宋"白兔儿"——中国最早的商标广告

北宋时期，山东济南"刘家功夫针铺"的"白兔儿"铜版，是中国最早的商标。这块"白兔儿"铜版（见图）就是用来印刷广告的，根据刘家功夫针铺的印刷广告推算，最迟应不晚于公元1127年，即北宋末年。它比1473年英国最早印刷广告的威廉·凯克斯顿还早三百年（威氏印刷的是销售祈祷书广告），是迄今为止发现的世界最早的印刷广告实物。

元代包装纸——中国最早的纸包装广告

1985年11月，考古人员在湖南省沅陵县双桥发掘出一座元代夫妇合葬墓。在女棺的随葬品中发现了两张商品包装纸。

出土的商品包装纸将包装、广告、商标融为一体，已经具备了现代包装广告的某些主要特征。更令人称奇的是，纸质包装广告上还有可视同防伪标志的朱印。据此可以认为，这是中国目前发现的最早的纸质包装广告，也可能是世界上最早的纸质包装广告。

参桂补酒——中国大陆第一条电视广告

1979年1月28日下午15：30，上海电视台播出了“参桂补酒”的广告，这是我国大陆第一条电视广告，揭开了中国电视广告史册的第一页。当年的3月15日下午6：00，又播出了第一条外商电视广告“瑞士雷达表”。同年3月，中央电视台播出第一条电视广告“幸福可乐”。

春蕾药性发乳
——改革开放后最早恢复的电台广告

1979年3月5日，上海人民广播电台在全国第一个恢复广告节目，播出了“春蕾药性发乳”的广告。

蓝天牙膏——“文革”后中国最早的报纸广告

1979年1月4日，《天津日报》率先恢复了商业性广告，刊登了天津牙膏厂的“蓝天”牙膏广告，成为“文革”后大陆第一个报纸广告。

奥琪增白粉蜜
——中国最早采用形象代言人的广告

1982年，奥琪增白粉蜜广告在中国电视屏幕上首次推出漂亮的形象代言人。此后纷纷出现的美白、焕肤、防晒、抗衰老等化妆品广告，都蕴含着奥琪的影子。

燕舞——中国最早出现音乐歌曲的电视广告

1983年，中央电视台播放的“燕舞”牌收录机的电视广告，男主角在广告中边弹边唱边舞，“燕舞，燕舞，一曲歌来一片情！”现在看来似乎很老土，但在当时这种载歌载舞的形式在电视广告中非常少见，燕舞广告是当时最早出现音乐歌曲的电视广告。这条广告播出后，男主角苗海忠（后来在电视连续剧《雍正王朝》中扮演“九阿哥”，在《封神榜》中扮演“申公豹”）红遍大江南北，据说，燕舞牌收录机卖了2亿台。

小白兔儿童牙膏
——中国最早的卡通形式的电视广告

1984年，杭州牙膏厂通过对国内牙膏市场细分，推出“儿童专用牙膏”，并买断中央人民广播电台“小喇叭”广播节目的冠名，同时推出以卡通形式的电视广告，广告语“没关系，我有小白兔牌儿童牙膏”，这可能是国内第一个面向儿童而且是采用动画方式的电视广告。

太阳神——中国最早导入CI 的电视广告

“当太阳升起的时候，我们的爱地久天长！”1987年，太阳神集团是中国第一个成功导入CI的国内企业，在太阳神的电视广告中，那个巨大的“人”字形标志和一群强健有力的男子汉形象构成了太阳神企业外在的视觉形象，而广告中的歌曲则是企业理念的最好诠释。

南方黑芝麻糊——中国首次打“温情牌”的电视广告

“小时候，每当听见黑芝麻糊的叫卖声，我就再也坐不住了。”1992年，中国的电视观众都被这一句充满怀旧的旁白再加上那个可爱的小男孩舔碗底的镜头感染了，无数观众沉浸在一片温情脉脉中，南方黑芝麻糊成为中国温情电视广告的鼻祖，获得空前成功。

李默然——中国最早接拍电视广告的名人

1985年，著名演员李默然接拍了三九胃泰的广告，这是改革开放后第一次名人做广告，引发社会极大争议，导致李默然不得不捐赠了20万元广告费，并发誓终身不再拍广告而使得这一争议平息。不过该广告让生产三九胃泰的999集团名声大噪，在很长一段时间内是中国第一大药厂。如今，利用名人效应的名人广告比比皆是，再也不会有人质疑名人拍广告了。

节约用水——中国最早播放的电视公益广告

1986年，贵州电视台仅仅花了15秒，“节约用水”四个字便开创了中国广告业的先河，成为中国最早播放的电视公益广告。之后中央电视台开播《广而告之》栏目，广告业进入了一个从追求利益最大化，转变为追求社会利益最大化的时代。

健力宝——中国最早的本土饮料广告

1989年，李宁代言健力宝，广阔草原、浩瀚沙漠、碧蓝大海，体操王子矫健的身姿在天地间跃动。无论场面的恢宏，还是气魄之豪迈，以及纯本土的制作队伍，这条电视广告都足以成为中国广告史上光彩夺目的一页。

学习网站

中国设计之窗：http：//www.333cn.com
设计在线：http：//www.dolcn.com
视觉中国：http：//www.chinavisual.com
视觉资讯：http：//www.vi21.net
Arting365联盟：http：//www.arting365.com
视觉同盟：http：//www.visionunion.com
火星时代：http：//www.hxsd.com
工业设计-中国：http：//www.3d3d.cn
www.graphic-design.com
http：//www.aiga.org
http：//www.designboom.com/eng
中央美术学院：http：//www.cafa.edu.cn/main.asp
中央戏剧学院：http：//218.249.21.170
江南大学设计学院：http：//www.sodcn.com
广州美术学院设计分院：http：//www.design-gafa.com

设计公司
http：//www.game798.com
www.adworks.com
www.bertha.com
www.bcreative.com
www.jdgdesign.com
www.collierreps.com
www.lightpage.com
www.virtualaccesscorp.com

参考书目

[1] 黎青，孙丰国．广告策划与创意．长沙：湖南大学出版社．2006
[2] 鲁彦娟．广告公司工作流程与管理．北京：清华大学出版社．2011
[3] 崔晓文，易琳，陈欣．广告策划与实务．北京：清华大学出版社．2011
[4] 张剑．慢行，观风景．福州：福建美术出版社．2012
[5] 杜邦，赵静．1001个广告法则：来自全球最成功的广告宣传创意和策略．北京：中国华侨出版社．2012
[6] 马丁·林斯特龙．感官品牌．天津：天津教育出版社．2011
[7] 奥美公司．奥美的观点6．北京：中信出版社．2010
[8] 刘波．影视广告实践课程：中央美术学院设计学院第八工作室．太原：山西人民出版社
[9] 李巍．广告经典故事．重庆：重庆大学出版社．2002
[10] 丁邦清．品牌成功链：成功品牌的成长规律．北京：机械工业出版社．2007
[11] 贝格尔．像设计师一样思考．北京：中信出版社．2011
[12] 肖勇，刘东涛．VI设计模板．北京：高等教育出版社．2008
[13] 林家阳．招贴设计．北京：高等教育出版社．2008
[14] 刘建萍，陈思达．广告创意概论．北京：中国人民大学出版社．2011
[15] 穆虹，李文龙．实战案例·品牌．北京：中国人民大学出版社．2004

后记

POSTSCRIPT

《广告策划与创意》经过近百个日夜的编写，在林老师数次指导和帮助下，在全体创作团队义务的支持和服务下，终于封笔。

我爱创意！一年365天，不是在创意，就是在创意的路上。可是要真正编著一本广告策划与创意的书，这还真是头一回。一是自己的写作水平有限，二是有感今天市场上真不缺书。在各种资讯非常发达的今天，写书也许是容易的，但是我还是有感写一本好书不容易！期望自己的这本《广告策划与创意》是一本好书，是一本能把广告学子带入广告策划大家庭的一本有益的启蒙工具读物。

该书的编写过程考验和见证了我与广大同事和朋友的友谊，感谢本书的总主编林家阳老师的悉心指导，感谢曾鸿燕老师、吴颖露老师、郭铁老师等为该书搜集和提供资料，亦感谢广东省广告公司的韩煜总监提供资料和宝贵意见，感谢我的学生刘争强总监、陆文墩总监提供自己的鲜活创作案例，感谢《羊城职工》总编蒋昭芒帮我校对书稿，感谢钟天德设计师为本书排版。

由于编写时间仓促，加之作者水平有限，工作忙碌，该书不足之处在所难免，望行业专家、广大师生批评指正。

广州工程技术职业学院　李志红

2013年6月10日